梶田正巳

日本人と雑草

勤勉性を育む心理と文化

新曜社

まえがき

この地球には70億人をこえる人たちが住んでいる。民族、人種、言語、宗教、文化、伝統、歴史、国柄などさまざまに異なっていて、一筋縄で捉えることはまったくできない。その中でユーラシア大陸東端を離れた列島に暮らしている日本人ほど、トータルにみて、まじめに過ごし、勤勉に働いてきた人たちはいないのではないだろうか。何しろ国民の80％近い人々が、勤勉がもっとも大切な備えるべき資質である、と確信を持っているのである。しかも、調査のはじまった前世紀中庸から今日まで、半世紀以上にもわたり、一貫してその信念はゆらぐことがない（独立行政法人・統計数理研究所資料）。

なぜわれわれは勤勉に暮らすことをかくも大切だと思っているのか。過去十年以上もの間、この問いから離れることができなかったのである。そして、ついにいたった結論とは、誰の近辺にもある「雑草」とのかかわりであった。

読者はすぐに疑念を抱くだろう。

「雑草、野草、草」は身近にある具象である。この具象が人間の生き方、働き方である「勤勉性」というパーソナリティー資質、抽象といったいどのように結びつくのか。一見、この二つの関係性はあまりに遠いのではないか。唐突な考え方だと感じても不思議はないであろう。とりわけ、都市化した現代の近代的マンションに暮らしている人々にとっては、まったく想像をこえた「空想」かもしれない。

その昔、日本人の勤勉な働き方を農業と結びつけた人はあった。しかしながら、具体的にその関係性をさらに特定化し、雑草、野草、草との強いかかわりを具体的に示したのは、本書が最初ではなかろうか。

本論に入る前に、筆者と雑草、野草、草とのかかわりに触れなければならない。それが出発点であろう。第二次大戦直後の小学生の頃、祖父母は自作農家として農業を営んでいた。田畑が決して多いわけではなかったが、戦中や戦後の食糧難であった昭和二十年代も、ひもじい思いをしたことはまったくなかったのである。農作業をよく手伝ったのは中高生の頃であろう。田植え、麦田おこしがその代表であったが、草を強く意識することはなかったであろう。

当時、いつも田畑へ出て、雑草に立ち向かっていたのは祖父母であった。早春から晩秋にかけて、麦藁帽子、雨ガッパなどを身にまとい、畑では地面に腰を下ろして、一日中草に対峙していたのである。田植えの済んだ後の田の草取りでは、水稲の間を三~四回は草を取るために前かがみで這い回らなければならない。梅雨期から初夏にかけての非常にむし暑い季節、相当な苦労があったものと思われる。

ときどき手伝うだけの若者に雑草、野草、草の意味が視野に入るわけはない。その後、国立大学に勤めた筆者は、半世紀あまりがたって六十代前半に停年退職し、私学へ移ったのであった。通勤時間が非常に短くなってゆとりもでき、庭に作った畑で、花や野菜を育てはじめた。そのときに悟ったのが、まさしく「雑草との戦い」であった。大きくはない畑でさえ、並大抵の努力、働き方で生育著しい野草に太刀打ちできるものではない。過去には、何回も草と対決して、いつも敗戦処理を余儀なくされてきたのである。

こうして草、野草、雑草が頭から離れなくなった。嬉しいことに現代は、インターネットを介して巨大な図書館が手許にある。発想の芽を進化させるには実に好都合なのである。ちなみに、日本、アメリカ、ヨーロッパには、雑草学会があって、その活動を瞬時に調べることもできた。そして不確かな情報、核心の研究には、原典にあたることも決してむずかしいことではない。

一大転機が訪れたのは、その昔読んだことがある和辻哲郎著『風土 ── 人間学的考察』(初版1935、改版1979)に再会したときであった。和辻哲郎は、驚いたことにすでに昭和二年、ヨーロッパ留学中に自然を注意深く観察調査して、「ヨーロッパには雑草がない」という名言を吐いていたのである。和辻の至言が大きな励みになり、関心はさらに深化していった。そして「雑草は単なる一植物で終わらない、文化・文明を計るリトマス試験紙になる」という確信さえ生まれたのであった。

学問的背景は心理学、教育心理学、文化心理学であった。数十年の研究活動の間には、実験的研究からフィールド・スタディーまで、実証的考察、リアリティー・テスティングを核に多様な研究方法を経験してきたのである。もう一つ幸いしたのは、80年代後半から文部省の海外子女教育専門官を8年間も併任したことであった。この間、職務の関係でアジア・オセアニア、ヨーロッパ、北アメリカなどをしばしば訪問し、そのフィールド調査体験がさまざまな裏づけを提供してくれたのであった。こうして雑草、勤勉性、日本人をキーワードに特定の研究領域にこだわらず、学際的に考察したのが本書であり、古希を過ぎたシニアのもう一つの学位論文(?)になるのかもしれない。

本書を上梓するにあたって、いろいろな方々のご支援を受けた。

実は昨年暮れの脱稿の間際に、突然に入院しなければならないという緊急事態にも見舞われたのである。脱稿から出版までの非常に大切な期間、親身になって手助けを頂いたのが、元大学院指導生で名古屋外国語大学教授・石田勢津子氏と至学館大学准教授・丸山真奈美氏であった。加えて，いろいろ知恵を授けて頂いたのが名古屋大学名誉教授で元同僚の速水敏彦氏である。こうした方々の心からなる力添えがなかったら，非常に大きな試練に出会っていたであろう。感謝の言葉をみつけることはできない。

現代は書籍などの活字メディアには非常に厳しいインターネット時代である。一読してすぐわかるように努力したが，いささか専門的な内容の出版を快く受けとめて頂いたのが，心理学系出版社として伝統のある新曜社の編集長・塩浦暲氏であった。上梓にいたる過程で，たくさんの大切な助言を頂戴し，そのおかげがあって，この結果が生まれたのである。親身なつながりに助けられて今日にいたった，ということである。人と人とのかかわり，絆（tie）の大切さを強く感じる日々であった。感謝の気持ちでいっぱいである。最後に，本書のアイディア，「仮説」が何かの手がかりになって，若い人たちによって将来さらに大きな発展が生まれるとしたら，著者にとっては望外の喜びである。

梶田正巳

平成27年9月1日

目次

装幀＝末吉 亮（図工ファイブ）

第1章　勤勉な人たち

1　携行時刻表

通勤電車の先頭車両に乗って、ガラスごしに運転席をのぞいたことがあった。運転士の右前方には、縦にしたA４判の紙が一枚みえる。用紙の中をよくみると、左側にはこの列車のとまる停車駅が上から下へと一列に並んでいる。そして、それぞれの駅のすぐ右の欄には、到着時刻と発車時刻が分けて記されていた。この時刻表、職場では運転士携行時刻表と呼ばれている。

この時刻表をのぞいて驚いたのは、到着時刻、発車時刻の最後の二桁の数字をみたときであった。秒単位の記載になっていたのである。たとえば、９時00分00秒に到着して、９時00分45秒に発車すると記されていた。とまってから発車するまでの間隔はたったの45秒、列車運行は秒単位までコントロールされていた。その間に、お客の乗降を安全に間違いなく済ませなければならない。

ＪＲにとどまらない、地下鉄などの公営電車、そして私鉄、どれをとってもわが国の鉄道、電車が、時刻表に示された分単位の時刻で、正確に運行されていることは、まぎれもない事実であろう。ちなみに、JR東海道新幹線、のぞみ220号は、名古屋駅14番線ホームに10：41に到着して、10：42に発車すると記載されている。われわれは完全に時刻表を信頼して、いつも旅行している。

しかしながら、この分単位の正確な運行の背後に、秒単位のもう一つの運行スケジュールが隠れていることに気づいている人はきわめて少ない。運転士携行時刻表の話を口にすると、びっくりする人がほとんどなのである。とはいえ、少し考えてみれば、すぐに納得できる。分単位に正確に動くためには、一桁下の秒の単位でコントロールすべきことは、誰もがひらめくことなのである。

運転士携行時刻表の秒単位の運行計画を実現するために、現場では、さまざまな工夫、ノウハウが積みあげられてきている。ちなみに、車内にいてよく耳にするのは、「乗降終了」、「ドア・オーライ」、「発車オーライ」、「進行注意」、「信号、赤」などの声である。ちょっとした勘違いによって起きるヒューマン・エラーを最小限に押さえるための措置の一つである。

目に映ったものを正確に捉えて発声し、それをしっかりと耳で受けとめて再び確認する。その積み重ねによって、うっかりや思い違いによって起きる危険性を最大限に減らそう、というのである。こうしたリスク回避行動は、職場関係者の間では、指差確認や喚呼応答と呼ばれている。

細心の注意を払って、わずかな思い違いをも見逃さないように、熱心に職務にあたっている。彼ら第一線の仕事ぶりに触れると、安心するとともに、まじめで一生懸命な現場の働き方に、誰もが感心するのである。勤勉な日本人の典型的なケースと映って当然ではないだろうか。

分単位の正確さを保持するために、秒単位までコントロールするきめ細かさへの徹底的な追求には、高い敬意を表するけれども、細事へのあまりにも強いこだわりだ、と感じる人たちもあるかもしれない。確かに一日、一～二本しか走らない列車が30分以上遅れても、それがあたり前の社会からみると、マニアックにみえてもおかしくはない。

とはいえ、仕事でたいへん忙しいビジネスマン、いろいろな観光地を駆け足でめぐりたいツアー団体客、そして短い滞日日程の中で各地を訪ねたい外国人観光客たち、こうした多くの人々が自覚しないうちに、勤勉な働き方から莫大な恩恵を受けている。われわれはそれを意識しないだけである。日本列島は長年にわたって、そのような社会でありつづけてきたのであった。時間通りがあたり前の社会に浸っていると、まじめで勤勉な現場の人々の几帳面な働きを想像することはないのだろう。逆に、便利さになれてしまって、少しでも遅れると、いらいらしはじめるのがわれわれである。

ＪＲ東海道新幹線の時刻表をみると、上下あわせて一日８００本以上が走っている。全国にはりめぐらされたＪＲ、公営鉄道、私鉄など、毎日どれほどの列車が、この日本を走っているのか、想像できる人はいない。そのすべてが秒の桁でしっかりと管理・運行され、現場の運転士は職務を懸命にはたしている。これ自体は普通のことだが、見方をかえると、明らかに驚異に映るだろう。

現場の正確な列車運行を後ろで支えているのが中枢にある支援システムである。当初は、東海道新幹線、山陽新幹線の列車運行のために、列車制御装置、進路制御装置、運行情報装置、旅客案内情報装置などの下位システムを運用する統合システムとしてコムトラック（COMTRAC）が開発された。中枢にあるこのシステムが、膨大な情報を瞬時に処理して、それぞれの第一線の運転士を緻密に支援している。世界に冠たる列車運行システムは、中枢から現場まで、関係する人々が協働して、その役割を地道に遂行しているのである。勤勉な現代日本人による組織的な仕事のよい例ではないだろうか。

わが国の新幹線にしばしば乗る外国人が述べていた。

「列車運行の正確さはよく知っていて、まったく驚くことはなかった。日本人ならそれくらいはするだろうと思っていた。びっくりしたのは寸分違わないホームにおける停車位置であった。どの列車も同じ所に来て、ピタッととまるのである。技術の極であろう。これにはまったく舌をまいた。

諸外国の列車には数え切れないほど乗ったが、こんな光景をみたことはまったくない。細部への執拗なまでの強いこだわり。これは庭園や盆栽を愛でる日本人の嗜好癖ときっと通じるものがあるだろう。マニアックにみえないこともない。」

2　こだわり ― 時間感覚

図書館をはじめ美術館・博物館、動物園・水族館、資料館などは、多くは公営で運営されている。ちなみに、開館時間を午前9：00とすると、閉館は午後6：00や8：30と、地域の状況によって決められている。民間のスーパーやデパートも、たとえば午前10：00開店、午後8：00閉店と、地元事情にあわせている。

ある街の市立図書館では、午前9：00を開館と決めている。午前9：00直前になると、館員が各階の扉の所まで来て、時報にあわせてパッと扉を開ける。開館時間はまことに正確であった。

さしずめデパートなら、その時間は管理職、店員が一列に並び、来店客にお辞儀をし、笑顔で出迎えている。時刻にピッタリとあわせて、店が開くのである。いっせいに行うという儀式的な行動は、きまじめなパーソナリティーの現われとして、日本人らしい行動様式にみえるだろう。

他方、臨機応変が習慣の地域になると、たとえ開館時間の前であっても、門前に人々が列をなすのなら、準備が整い次第、随時入場させている。市民サービスが基本的使命であると捉える人には、あたり前の行為なのであろう。開館・閉館時間という管理運用規則が頭にあるのは当然としても、後はその時その場に応じて、現場責任者の判断に任せている。つまり、大枠は決めても細かいことはいわない、運用判断は現場にある担当者の責任とするのである。

前世紀の末頃から、若年層はもちろんのこと熟年層の人たちも海外旅行、ツアーを楽しむようになった。添乗員の悩みの一つは、訪問先におけるツアー客の集合時間である。ちなみに、オランダはキューケンホッフにあるチューリップで有名な公園の一コマであった。ここでは2時間ほどが公園の見学時間にあてられていた。

添乗員が「集合時間は11：00です。この降りたバス停に集まってください。お間違いのないようにお願いします」と大声で伝えている。ツアー客は仲間やカップルで連れだって、広い公園内に散っていった。日本人が参加者の場合、添乗員にほとんど心配はいらない。集合時間に遅れる人はまったくいない。10分前になると、ほぼ全員がバス停の界隈に集まってきている。そして次の旅に備えて、トイレもしっかりと済ませている。

ところが、ロシア人、中国人、アメリカ人、イタリア人などの外国人観光客の場合には、必ずといってもいいほど、行方不明になる人が現われてくる。20～30分待ちは珍しいことではない。それを織りこんで、ツアー旅行はたくさん盛りこまずに、ゆったりと企画されているらしい。

日本人を相手にしたツアー旅行の場合は、一日中、早朝から夜までも分刻みで、あちらこちらを訪問し、非常に能率的、効率的に行われている。さまざまな場所へ行ったり、食事やイベントに参加したり、実にバラエティーに富んでいる。費用対効果ではないが、行き先の多様さと多さで、旅行会社はお互いに競いあっている。すると、必然的に観光体験は広いが浅い、という結果になることは避けられない。こんな行動傾向の中にも、知らないものは何でもみたいというわれわれ日本人の強い好奇心、それを実現しようというツアー企画者の競争心、まじめさ、勤勉性、そしてまた課題さえもがみえてくる。

3　ベストセラー

夏目漱石、森鴎外、樋口一葉などの文学作品はさておき、明治時代を代表する書物の中で、よく読まれた本をあげるとすれば、いったい何があるのだろうか。誰もがすぐに思いあたるのは、スコットランド人、サミュエル・スマイルズによる『自助論《セルフヘルプ》』を翻訳した中村正直の『西国立志編』（１８７１）と、福沢諭吉の『学問ノススメ』（１８７２）であろう。前者の『西国立志編』は、世界の当時の著名人３００人以上の成功についての事績を物語風にしたものであり、明治時代だけでも百万部以上を売りあげ、学制がしかれた１８７２年には教科書としても用いられている。

訳書『西国立志編』の第四編には、「勤勉シテ心ヲ用ヒ恒久ニ耐テ業ヲ作スコトヲ論ズ」がある。そして二十二ヵ条を具体的に示している。そのいくつかを掲げれば、①大成功も普段の工夫の積み重ねである、②幸運は勤勉な人にいつかは来るだろう、③ニュートンの学問の仕方、④カーライルのお話し、⑤文人スコットの仕事の仕方、などはその一部である。スマイルズの「自助論」は、個人として自立することの大切さを教えながら、その中で懸命に努力することの意義を説いていた。

翌年の明治5年に上梓されたのが福沢諭吉の「学問ノススメ」であった。初版から17版までをあわせると、350万部以上が売れたと、本人は回想しているので、間違いはないだろう。よく知られているのは、賢人となるか愚人となるか、貴人となり富人となるか、下人となり貧人となるかは、学問を勤めて物事をよく知る以外にはない、と努力と勤勉によって貴賎上下の差別を克服することを強調している。

明治時代、否、後世を含めても、この二著はわが国を代表するベストセラーに数えられるし、日本人に与えた影響の大きさは計り知れないものがある。ちなみに、今日にいたるまで人々の口の端に上っている非常に有名な文言がある。スマイルズの前著には「天はみずから助くるものを助く（Heaven helps those who help themselves.）」があるし、福沢諭吉の『学問ノススメ』には、「天は人の上に人を造らず人の下に人を造らずといへり」がある。

明治5年のわが国の人口推計値は約3500万人、はじめて国勢調査が実施された大正9（1920）年の人口は e-stat によれば約5600万人であった。『学問ノススメ』出版当時の約3500万人という推計人口は、今日の人口の三分の一以下になり、大多数の国民が『学問ノススメ』に関心を抱いたのは疑いがないだろう。また中村正直訳『西国立志編』をどれだけの人々が手に取ったのか、圧倒的な数の読者を獲得していたことは想像に難くはないだろう。

百年あまり前、多くの人々がこれらの書物をむさぼるように読んで、西欧列強への強い危機意識を抱きながらも、同時に新しい時代の息吹を感じていた。そして、こうした著書がベストセラーになった社会現象は、われわれ日本人の強い好奇心、まじめさ、勤勉性、そして危機感を顕著に映し出していただろう。

ところで、若い人たちの学ぶ姿勢に格別な説得力を持っていた当時の精神的潮流、エートスとは「立身出世」であった。士農工商という身分制度が崩壊する中で、勉強と努力次第で成功への階段を上ることができる、という大きな夢、フロンティアが忽然として目の前に誕生したのであった。江戸末期からはじまった時代変化のこの新しい流れが、スマイルズや福沢諭吉のベストセラーと相まって、人々の勤勉性を著しく刺激し、社会の中にそれを土台にした強い上昇志向の嵐がまき起こった、ということである。

4　立身出世

明治にはじまる近代化への潮流の中で、「立身出世」という言葉ほど、未来のある青少年から大人にまで、活力を与えた精神的潮流、エートスはほかにはない。アメリカでいえばフロンティア精神、戦後の日本は民主主義である。竹内洋は「立身出世主義の論理と機能 ── 明治後期・大正前期を中心に」（１９７６）の論文の中で、成功雑誌社が出版した雑誌『成功』（１９１１）を引用して、立身出世を分析する手がかりを得ている。

「成功教本は、『勤勉努力の人は必ず成功するが、懶惰不勤勉の人は必ず失敗し、落胆する』と成功（出世）の機会は万人に開放されており、『勤勉努力』だけが『成敗』の分岐を決定すると説いた。しかも、貧乏は節倹の習慣をもたらすから、成功にはむしろ利点である、『貧乏人でなければ、人間の出世はでき

表１－１　雑誌『成功』の誌面構成（三上敦史 2012）

立志	立志画家	中村不折君　自助庵主人
	文学博士	根本通明翁　苦学談
	一億五千万円の富豪（バンダービルトの一生）	記者
分苑	楠正成公東大寺の洪鐘を動かせし事	幸田露伴
	失われたる羊（新体詩）	児玉花外
史伝	大村益次郎翁の話	有地海軍中将
	中村敬宇先生の平生	小塚空谷
	米国大農業家立身伝	湖北敬士
修業	学業成功の要領	文学博士　井上哲次郎
	品性修業表	
	成功的性質と失敗的性質	
	成功の秘訣	文学博士　村上専精
	成功の秘訣	有地海軍中将
雑録	苦学の話	岩本善治
	片々録	香川怪庵
	尺牘三章	石井研堂
	立志小説多額納税者	堀内新泉
	貧生修学の便法	文学博士　井上円了
処世	小学教員立身伝	湖雲
	成功の人失敗の人	西川光次郎
	年給四千円の小児	
天下	喜憂録	村上濁浪
	反響　海外異聞　彙報	
	中村不折君の家庭　書斎の根本通明翁　英国留学中の中村正直先生	
	一億五千万円富豪　年給四千円の小児の肖像等　美麗写真版木版十数個入	

ない』、『貧の大訓練を受けたる人は如何なる大勲偉業を為し得べき』と説かれた。」（119頁）

簡潔にいえば、「今の貧乏は決して心配ではない、逆に節倹の習慣はしっかりあり、後は勤勉、努力するのみであろう、成功（出世）するに決まっている」、と成功教本はうったえているのである。勤勉、努力を高らかに歌いあげた立身出世主義の賛歌である。この一文が掲載された1922年は明治44年、明治時代も終わろうとする頃であった。

成功雑誌社は、1902年、明治35年に雑誌『成功』を創刊し、1916年、大正5年までの間に、15年間にわたって月刊誌を出版してきている。この雑誌を分析している社会学者は決して少なくない。その中の一人、三上敦史は「雑誌『成功』の書誌的分析 ―― 職業情報を中心に」（2012）という論文において、明治後期から大正初期にかけて、立身出世をめざす苦学生や地方の青年、なかんずく、旧制中学校にはじまるエリート養成の学校に進むことのできなかった人たちを相手にしたところに特徴があった、と述べている。

雑誌の誌面にどのような記事が載せられているか、表1－1を参考に誌面構成の実際をみると、当時の青年が何に関心を示していたのか、また編集者が何をアピールして販売を伸ばしたかったたかが浮き彫りになる。三上敦史論文から以下に引用する。

誌面は七つに分かれている。立志、史伝、修業、雑録などはどれをみても、勤勉に努力して志を実現するために何をなすべきか、知恵を授けようとする姿勢が一貫している。たとえば、バンダービルト一家の話である。19世紀にアメリカで海運業を起こし、その後は鉄道王となり、巨万の富を蓄積して、大学までも創設した一族であった。わが国の大村益次郎や中村敬宇も江戸末期から明治にかけての伝説中の偉人であろう。一生懸命に修業すれば、近づけるかもしれない、と励ますのである。

学業成功のノウハウ、成功や失敗を詳しく分析することも忘れない。きわめて実践的な内容をも掲載していて、現代の受験雑誌の誌面構成とたいへんに似通っているところは、いつの時代も考えることは同じだと感じるだろう。

「末は博士か大臣か」という当時の風潮を「立身出世主義」と命名して、厳しく批判してきたのが、戦後日本の教育科学における進歩的学者の意見であった。立身出世は国家主義と結びつけられ、またそれが戦前の不幸の原因とみなされて、完全に悪者になっていたのである。

その主張に一石を投じたのが、先の竹内洋の一連の社会学的分析であった。その著『立身出世主義――近代日本のロマンと欲望』（１９９７）は、明治・大正期の青年たちが、社会的地位や権威を追求したにとどまらず、さまざまに動機づけられて、わが国近代化への革新的エネルギーの源になっていた、と述べている。すなわち、立身出世に映し出された勤勉性というエートスは実際は多種多様であって、決して負の部分ばかりではなかったことを実証的に分析して示したのであった。

5　江戸の学び舎

勤勉性が「学習のモーチベイション」、「意欲」、「まじめな態度」と表裏一体であることはいうまでもない。明治時代になって人々がベストセラーを手にしはじめる以前の徳川時代においても、武士から庶民にいたるまで、当時の人々は学ぶことに高い意欲を示し、熱心であった。

そんな証拠をイギリスの知日派教授で社会学者であったロナルド・ドーアは、その著『江戸時代の教育』（1970）の中で詳細に分析している。彼によれば、明治以降のわが国社会の急激な近代化は、一時代前の江戸期における武士から庶民までの幅広い人間形成の基盤があって、はじめて達成されたものなのである。

周知のように、庶民については、「寺子屋」や「手習い所」という名の「学び舎」がいたるところにあった。そこでは日常生活に欠かせない実用的な読み書き、ソロバン、算術などを子どもたちに教えていた。江戸の町中だけでも1500軒をこえていた、といわれる。この数のすごさを理解するために、現代の数字を出してみよう。

平成25年度に東京都教育委員会が所管する公立の小学校の総数は、区部、市部、郡部、島嶼部までを全部あわせると、1299校になる。この学校数と寺子屋の1500軒を比べると、その結論は明快で、江戸末期の庶民の学ぶ意欲、強い姿勢を実感することができるだろう。

町を離れた地方の田舎にあっては、近隣の子どもたちが村落内の寺や神社に集まって、ソロバンや読み書きを学んでいた。地方教育史の資料をみると、界隈の村人たちが寄りあったところは寺であったが、そこがまた子どもを相手にした寺子屋をも営んでいた。当時、商家は金銭で、農家は主に収穫物などを物納してお礼をしていたという。

対して武士の学び舎は「藩校」であった。

文部科学省の『学制百年史』によれば、武士については、徳川幕府による「昌平坂学問所」が藩校の頂点にあった。優秀な人材が集まっていたのである。と同時に、各藩は独自に藩校を整備していた。そして江戸末期頃ともなると、その数は全国で３００校近くにのぼっていたのである。徳川幕府のはじまった当初は、漢学、国学が藩校カリキュラムの中心にあったが、幕末に近くなるにつれて、洋学や西洋医学などが加わって、西欧社会への関心を高める源になっていった。

興味深いのは、全国各地の藩校が著名な講師を競いあうようにして呼び集めていたことである。この時代、どの藩も情報の収集に腐心していたのである。今日の有名受験塾とまったく同じような社会現象がみられる。武士が藩校でどのように学んでいたのか、その実態は、会津藩の高名な藩校、日新館が地元に復元されているので、参考になる（図１－１）。図は書道を学んでいる場面である。

図１－１　日新館の書道風景（日新館 HP より http://www.nisshinkan.jp/about）

藩校に対して「私塾」は人々が自発的に拓いたもので、有名な私塾は多くの人々を集めていた。誰もが知る代表的な私塾をあげるとすれば、緒方洪庵が天保９（１８３８）年に拓いた蘭学塾の「適塾」、吉田松陰の主宰した「松下村塾」、そして廣瀬淡窓が文化14（１８１７）年、豊後・日田に拓いた「咸宜園」などがあり、わが国を近代化に導いた数々の逸材を輩出している。

寺子屋にせよ、藩校や私塾にせよ、当時の青少年はお互いに切磋琢磨しながら、真剣に学ぶことを競っていたのである。明治期にはじまった立身出世という精神的潮流もよくみるとその背後に、江戸時代におけるこうした人々の高いモーチベイションが潜んでいたのであった。今日風にいえば、目標を立て、それを達成するために一生懸命に努力する、という「目標達成行動」が資質としてすでに内面化されていたのである。世界のどの地域にもまして、地道に学ぶという庶民の勤勉性を直接に高めていった所以だろう。

6　翻訳と百科事典 ── 知的インフラ

アメリカ、イギリス、イタリア、カナダ、ドイツ、日本、フランスの主要7ヶ国（G－7）、そこに欧州連合、ロシア、中国、韓国、アルゼンチン、インド、インドネシア、オーストラリア、サウジアラビア、ブラジル、メキシコ、南アフリカ、トルコの加わった主要20ヶ国（G－20）。このG－7、G－20の国の中で、わが国ほど海外の書物、文献が、必要に応じてただちに自国語に翻訳されている国は他には少ないのではなかろうか。比較できる統計資料を見出すことはできないが、そう感じている内外の人々は多い。

古くは奈良・平安の時代、遣隋使、遣唐使を介して入った中国語が、当時、文字のなかった日本に大きな影響を与えて、仮名が発明されて、書き言葉の基礎ともいえる「漢字仮名混じり文」を生み出すにいたったことはよく知られている。明治以降になると、わが国社会の近代化・産業化を進める過程で、特に欧米の書籍、法律、論文、教科書、社会制度やその他数々の文献情報が、たくさん日本語に翻訳されたのであった。先にあげた中村正直訳のスマイルズ著『西国立志編』はその嚆矢であろう。

翻訳活動は今日、「翻訳文化」と称されて、わが国の社会文化の大きな特質といわれている。いまやなじみのボキャブラリーになっている権利（right）、社会（society）、民主主義（democracy）、憲法（constitution）、自由（freedom and liberty）、衛生（hygiene）、個人（individual）、自然（nature）などは、江戸末期から明治にかけて、日本語へ翻訳する過程でできあがった新しい言葉なのであった。この百数十年の間に非常に多くの翻訳語が造語されて、日本語を豊かにする大きな契機になっていた。

江戸末期から進んだわが国の翻訳文化が影響を与えたのは、日本にとどまるものではない。実は漢字文化圏の本場である中国へも逆輸入されていった。そして、中国語のボキャブラリーをも非常に豊かなものにしていったのである。具体例を掲げれば、上記の憲法のほかには、階級、取締、出版、哲学、立場、主義、原子、近代化、唯物論などの語彙は、日本語書籍の中国語への翻訳活動を通して、中国語の中に取り入れられた代表的な言葉である。

アジアの識者の中には、「翻訳は国家繁栄の近道である」と日本の翻訳文化を分析し、非常に高く評価している人もいる。そして、日本は江戸末期や明治時代から、翻訳によって外国の文化、学問・技術を次々に供給し、学術を急速に進歩させて、産業や経済、社会を著しく近代化させることに成功した、と説いている。ちなみに、ノーベル賞受賞者について、アジア諸国の中では、日本に比べうる国はいまだまったく存在しないし、二十一世紀に入ると受賞者の数はますます増加して、自然科学三賞（医学・生理学賞、物理学賞、化学賞）ではアメリカに次ぐまでの地位になっているのである。

注目したいのは、明治のはじめ、新政府が文部省の翻訳局を中心にして、西洋の『百科事典』を日本語に訳したことである。学問、科学が今日のように細分化される以前のことで、百科事典は今とはまったく違った意味を有していたのである。

ちなみに、イギリスで『ブリタニカ百科事典（Encyclopædia Britannica）』が出版されたのは1768年であった。それ以来、今日まで何版も版を重ねてきている。百科事典とは、知らないときに調べる単なる事典ではなく、その上に新しい知識が創造されるべき知識の基盤、集積地、宝庫である、とみなされていた。明治政府は、箕作麟祥・翻訳局長を中心に、イギリスの啓蒙著書『Chambers's Information for the People』を『百科全書』として日本語で出版することにしたのである。

石川禎浩の論文「近代日中の翻訳百科事典について」(2013)を参考にすると、近代化を進めるにあたっては、欧米の社会全般を理解するための基本的認識が前提になる、と考えたというのであった。その意味で、特定領域、専門的テーマについての最先端の知識を翻訳することもさることながら、その前提となっている一般的認識、基礎的知識を百科事典に求めたのであろう。すなわち、イギリスの百科事典について、近代化を進めるための重要な知的社会インフラの一つと明治政府は捉えたのであった。

箕作麟祥は「百科事典」を早急に出版するために、1873(明治6)年より10年ほどの歳月をかけて、各界の人材を糾合して翻訳にあたっていた。注目したいのは、この百科事典が現代のように小項目ベースではないことである。大まかな学問・知識の分野ごとに、つまり、大項目を設定して、その領域のあらましを庶民向けに平易に解説することにしたことであった。

西欧の学問を吸収する初期段階にあった日本にとって、同書はまさしく打ってつけの書物であった、と石川禎浩は評価している。彼は「この書物は『人智之宝庫』のみならず、新訳語・概念語の宝庫であり、同時にまたそれら新訳語のある種の標準になっていったのではないか。」(283頁)と、百科事典の翻訳出版を高く位置づけている。当時の人々がこの百科事典を頼りにしていたことは、民間出版社に移されて、その後も再版されつづけてきたことにもうかがわれる。こんなところにもわれわれ日本人のきまじめな働きと勤勉な取り組みをみることができる。

7　アンドン方式

二十世紀の70年代、愛知県豊田市にあるトヨタの自動車工場で製造工程をつぶさに見学したことがあった。工場見学コースに入ると、その脇を大きな車がベルトコンベアに乗って流れてくる。ゆっくりと動くベルトコンベアと並びながら、作業員が、指示されたパーツを部品ボックスから取り出して、車体に組みつけていた。実は同じ時期に、三重県は鈴鹿市にあるホンダの自動車工場も見学し、シビックができあがっていくプロセスには、同じようなベルトコンベア方式があったことを思い出す。

車種にもよるだろうが、現代の車は3万点をこえるパーツから成り立っている。エンジンやトランスミッション、タイヤから、空調機器、オーディオやカーナビまで実に多様なパーツが、一台の車の中に組みこまれていく。完成車とは規格通りに製造されたパーツが、指示通りに間違いなく組み立てられた車のことである。

車とは乗っている人々の安全、生命にかかわる製品である。間違いは許容されない。そのためには、その製造工程は厳密に管理運営されなければならない。

エラーや勘違いを徹底的に減らすために考え出されたアイディアが「アンドン方式（Andon）」であった。関係者の間では周知のことだが、コンベアを流れてくる車体に添付された「指示ビラ」通りに、作業員は指定されたパーツを部品ボックスから取り出して、一定の強度で組みつけていく。一見、同じようにみえる車も、その仕様は買う人によって全部異なっているのである。

作業の間違いや異常に気づいたときや、仕事の遅れた場合は、その場で直さなければならない。「ひもスイッチ」を引っぱって、すぐに応援を呼ぶのである。「ひもスイッチ」を引くと、ライン上にある「アンドン」にライトが点灯する。すると、それをみつけた班長、リーダーが駆けつけてくる。その場で間違いや異常に即刻対処するのである。

直せないと判断したときは、そのラインのベルトコンベアの動きをただちにとめる。そして、即時に間違いや問題に対応する。未完成のままに次の作業工程に送り出すことはしない。「アンドン方式」とは作業現場で点灯するアンドンからきた名称であるが、第一線において徹底的に作業をチェックする現場問題解決方式なのである

わが国の自動車会社が海外工場を操業するようになった。

たとえば、アメリカにおいて「アンドン方式」を実施しようとすると、「生産ラインをとめるのは工場の生産性、従業員の作業能率を妨げる」といって異論が続出したのであった。製造工場は普通、〇〇台生産というように目標が数値で管理されている。すると、工場でベルトコンベアをとめることは、明らかに生産目標達成の足を引っぱるであろう。

とはいえ、製造現場が生産目標の数値達成にこだわりすぎると、その結果は火をみるより明らかである。結局、不良箇所を残したままの車が、そのままでロールアウトしていく。そして実際、ソヴィエトや東欧の社会主義国家では、五ヵ年計画、十ヵ年計画を立て、「われわれは生産目標を完遂した」、「社会主義は確実に進歩している」といって豪語していた。しかしながら、その実際は不良品、未完成品の山々が全国各地に築かれていったことは、誰もが知っている前世紀の苦いエピソードなのである。

優れた品質の製品をどれだけ確実に生産したかが肝心なのである。

この基本原則を堅持するためには、現場を任された作業員が、各自の持ち場で、間違い、失敗に気づいたら、ただちにその場で直す。このあたり前のことをまじめに実践する、ということである。「アンドン」は失敗、問題を知らせる工夫の一つに過ぎないが、こうした生産方式をとると、作業の異常、間違いを低減させるにとどまらず、間違い、過失に対する人々の感性をも深化させるようになった。さらに、品質向上のために積極的に工夫することも促していったのである。

実際、現場の間違いには、当該作業員の仕事に原因のあるときもあるが、前の人たちの誤り、思い違いも多い。その双方に目が行き届くようになった。お互いに失敗が起きないよう注意しあい、確実に仕事をするように作業現場の土壌がかわっていったのである。こうした職場風土は、関係者全員の地道な努力の積み重ねがあって、はじめて築かれるであろう。

いまやアンドンという日本語は、Andonとして世界に通じる言葉になっている。前世紀の70年代にはじまった「アンドン方式（Andon）」は、その一部に含みながらも、その後は、作業員に必要なパーツがジャストイン・タイムに生産現場に到着し、過剰な在庫や待ち時間の無駄を徹底的に省くようになった。こうした生産のための総合的方式が、今日では「トヨタ生産システム」と呼ばれている。

その後、その意義に注目したのが、ＭＩＴのジェームズ・ウォマックとダニエル・ジョーズであった。彼らは「会社という巨大な官僚組織」についた贅肉を徹底的にそぎ落として、スリムな生産方法を構築しなければならない、と主張したのであった。そして、贅肉がとれたという意味の「リーン生産方式（lean product system）」を新たに提案したのである。あらゆる無駄を省くという「目標」を決めたら、その達成のために徹底して知恵をしぼる、そして協働して目標を達成するために一生懸命に働く。きまじめな日本人の勤勉性が如実に示されたストーリーではないだろうか。

8 鉄砲と船

歴史をさかのぼってみると、海外に学びながら、その上に立って「挑戦」しつづけた好奇心いっぱいの先人の姿が思い浮かぶだろう。困難へのチャレンジこそ、まじめで努力家、勤勉な日本人の目立った特質の一つなのである。その数には限りがないが、歴史の中から二つのエピソードを描くことにすると、まずは火縄銃への挑戦である。

鉄砲伝来にまつわるエピソードは誰もが思い浮かべるものかもしれない。1543年、種子島に漂着したポルトガル人によって、二丁の火縄銃と火薬が伝えられたのが、この列島の住人が西洋の鉄砲をみた最初であった。しかしながら、その後、30年もするかしないかのうちに、鉄砲は戦国時代における戦いの主要な武器になっていった。もっとも有名なのは、織田信長による長篠の合戦（1575）であった。それまで無敵を誇った武田勝頼による騎馬軍団に火縄銃によって立ち向かい、大勝したのであった。用いられた鉄砲は3000丁にものぼったと伝えられている。

火縄銃の製造を背後で支えていたのは当時の鍛冶屋であり、その中から鉄砲鍛冶として自立していったのであった。彼らは刀剣をはじめとする戦国武器の生産を通じて、鍛造・鋳造などの製鉄の基本技術に習熟していたので、その高い技術力を応用したのであった。戦国大名の強い要請に応じて、鉄砲鍛冶たちは試行錯誤しながら瞬く間に鉄砲を製造したのである。目標を定めたら、達成するまで一生懸命に働くという特徴がにじみ出ている。鉄砲製造では、主として大阪は堺、和歌山の雑賀・根来、滋賀の国友などが有名になっていった。

次にあげたいのは、江戸時代の初期、太平洋を帆船ではじめて横断したわが国初の「竜骨構造船」のエピソードである。

仙台藩主・伊達政宗は、徳川家康の許可を得て、慶長18（1613）年、ローマ教皇パウルス5世とスペイン国王、フェリペ3世に、「慶長遣欧使節団」を外交使節として派遣することにしたのである。この使節団の正使はフランシスコ会・宣教師のルイス・ソテロ、副使は支倉常長であった。彼ら一行180人あまりを乗せた日本の竜骨船が、はじめて太平洋を横断航海したのである。石巻の月の浦を出帆して、カリフォルニアはメンドシーノ沖に到着し、そこからさらに南に下って、メキシコはアカプルコに三ヵ月ほどの航海をして入港したのであった。使節団派遣にあたって建造されたのが、洋式の竜骨構造の外洋帆船「サン・ファン・バウティスタ」号であった（図1－2参照）。

図1－2　仙台に復元された竜骨構造船
（http://www.yamanishi-miyagi.co.jp/bussiness/closeup/tokusyu_sanfan.htm）

それまでわが国には、外洋を横断できる竜骨構造船を建造した経験は、1607年、徳川家康がウイリアム・アダムス（三浦按針）の助言により建造した「サン・ブエナ・ベントゥーラ」号（120トン）をのぞけば、まったくなかったのである。そのために「サン・ファン・バウティスタ」号の建造にあたっては、徳川幕府・船手奉行とスペイン人、ビスカイノの協力、監督によって、はじめての洋式帆船が、仙台藩において竣工したのであった。

大洋を横断航海するためには、船底の「キール」、つまり、「竜骨」を基本構造としなければならない。「サン・ファン・バウティスタ」号は、竜骨構造の外洋船として建造され、また実際に航海したはじめての日本船になった。この船はスペイン人提督、セバスティアン・ビスカイノの指導により、二ヵ月弱で500トン級のガレオン構造の木造船として進水したのである。第一回太平洋横断航海は1613年、第二回は1616年に出航して、二年後にルソン島に回航されたのであった。その後は、現地スペイン軍に売却されたと伝えられている。

それまでのわが国の軍船はモノコック構造の木造船であった。板を互いにカスガイと釘によって結びつけて箱型を造り、その箱がそのまま船体構造となったものである。したがって、人間でいえば背骨にあたる構造材としての竜骨はなく、相対的には軽い船体にはなるものの、軍船同士が衝突したり、座礁したりして強い外力が加わったときなどには弱かったのである。板が壊れると、それがそのまま船の構造破壊につながって大量に浸水しはじめる。沈没する危険性がきわめて高いということである。

わが国に伝統的な安宅船、関船は、この箱型構造になっており、豊臣秀吉によって朝鮮に出兵した文禄・慶長の役（1592）も、こうした軍船で戦われたという。箱形構造の船は沿岸航海を主としてきた和船に共通したものであった。こう考えると、はじめて太平洋を横断航海した伊達藩の竜骨船、「サン・ファン・バウティスタ」号は、二回もの実験航海を見事になしとげて、偉業を歴史に残したのであった。

ここにも、庶民である船大工たちのまじめな取り組み、勤勉な姿がシンボリックに現われている。

9 『プロジェクトX ― 挑戦者たち』

現代の勤勉な日本人というと、NHKのドキュメンタリー番組『プロジェクトX ― 挑戦者たち』を参考にすることができる。落ちこんでいた前世紀末から二十一世紀の初頭にかけて、取りあげられた日本人の生き方は、人々を非常に勇気づけたのであった。そして瞬く間に、忘れられない代表的番組にのしあがっていった。

加えて、中島みゆきの歌った『地上の星』、『ヘッドライト・テールライト』は、内容にピッタリとはまって力強く、多くの人々の口にのぼるようになった。とはいえ、報道された挑戦者たちのエピソードは、現代日本人のほんの一握りの人たちに限られていたことは間違いない。

2000年から2005年の足掛け6年の間に、全部で187本が放送された。ここでは、5本の特別編、放映後に事実誤認の声があがった放送1件などをのぞくとともに、前編～後編のつづきものを半分の4本にまとめ、総数177件の挑戦者たちの事例を取りあげて、以下に分析しよう。一つひとつのストーリーをみると、本当に多彩な領域にわたっていることがわかる。ここでは全体をいくつかの範疇に区分して検討する（表1－2参照）。

分析対象177件の中で一番多数をしめたのは、これまでにはない「新製品の開発」とでも名づけられる領域であった。全部で59件、全体の33・3％、三分の一である。具体的にいうと、第2回「窓際族が世

表１－２　ＮＨＫ『プロジェクトＸ ── 挑戦者たち』

区分名	頻度	割合（%）
新製品の開発	59	33.3
世紀の大工事	22	12.4
救命・救助作戦	19	10.7
自然保護・食の革新	18	10.1
芸術演芸・文化財復興・復元	18	10.1
悪・事件事故・自然災害との戦い	16	9
スポーツ・運動などへの挑戦	10	5.6
その他	15	8.5
	177	100（%）

界規格を作った──ＶＨＳ・執念の逆転劇」は、日本ビクターによるＶＨＳビデオ開発物語を取りあげていた。第４回は「ガンを探し出せ ── 完全国産・胃カメラ開発」のオリンパスの挑戦記録であった。以後は、対象になった製品の名前をあげるにとどめよう。

ＣＶＣＣエンジン、超軽量シューズ、国産複写機、超高層・霞ヶ関ビル、レーザメス、トイレ・ウォシュレット、プラズマテレビ、クォーツ時計、巨大船・出光丸、超音波エコー診断装置、オンライン予約システム、ニュートリノ・カミオカンデ、トロン、日本語ワープロ、電気釜、トランジスタラジオ、ＹＳ11、人力飛行機、自動糸きりミシン、太陽光発電システム、ロータリー・エンジン、エアドーム東京などと続々とあがってくる。

どれも簡単に達成できる目標ではないが、さまざまな失敗に耐えて、試行錯誤を繰り返しながら、挑みつづけていったのである。そして、幸運の女神に出会うと、やっとめざす製品は完成に近づく。番組の中だけでは、語りつくせない体験がきっとあるのではないだろうか。目標を完遂した喜び、それが人々に貢献した幸せなどは、挑戦者にしか味わうことのできないものであったろう。

第二のカテゴリーは「世紀の大工事」とでも名づけられよう。

総数は22件、12・4%であった。『プロジェクトX ―― 挑戦者たち』の第一回が「巨大台風から日本を守れ ―― 富士山頂・男たちは命をかけた」（富士山頂レーダー）であった。つづいて第三回は「友の死をこえて ―― 青函トンネル・24年の大工事」である。どれも歴史に残る大事業であった。

後は名前だけを掲げる。誰もが聞くだけで、その工事を思い出すであろう。黒四ダム工事、さらに黒四ダム・資材輸送作戦、HⅡロケットエンジン残骸の海底捜査、太平洋海底ケーブル・敷設工事、ドーバー海峡・トンネル掘削、愛知用水工事、100万ボルト送電線・敷設工事、カンボジア・日本橋建設工事、羽田空港拡張工事、通天閣建設、瀬戸大橋・建設工事などと、数々の挑戦があげられている。どれ一つとっても簡単にいくものではなく、関係者の並々ならぬ熱意、工夫、努力が求められるものばかりであった。

全体に共通しているのは、たくさんの人たちが力をあわせ、心をあわせて働いていることだろう。日本人の得意な「協働」によって達成された、典型的事業といえるのではないか。

第三のカテゴリーは「救命・救助作戦」であった。これが19件、10・7%をしめていた。「裕弥ちゃん一歳・輝け命 ―― 日本初・親から子への肝臓移植」として島根医科大学の生体肝移植が取りあげられた。つづいて「パンダが日本にやってきた ―― カンカン重病・知られざる11日間」は、上野動物園のパンダ飼育物語である。「ゆけ チャンピイ 奇跡の犬」は、盲導犬の物語であった。

その他としては、心臓バチスタ手術 ―― 命の一滴として骨髄バンク、地下鉄サリン事件・救急医療活動、コンスタンチン君・火傷治療リレー、救急救命士リレー出動、天然痘撲滅作戦、チェルノブイリ原発事故・被災者治療、地雷探知に挑む日本技術陣、中国残留日本人孤児の肉親調査、とあがってくる。生命の危機に直面して、懸命に励んでいる人たちの姿が目に浮かんでくる。感動的なシーンには心を動かされるのである。

第四は「自然保護・食の革新」であった。全部で18件、10・1％をしめていた。具体的には、第二十六回に「うまいコメが食べたい」としてコシヒカリ登場のエピソードが語られていた。「伝説の森を守れ」では、屋久杉の保存に努めた屋久島町の保存活動であった。

その他としては、リンゴ新品種「ふじ」、夕張メロン、クロマグロの養殖、東京オリンピック・選手食堂料理人の活躍、カップヌードルの開発、湯布院温泉整備の活動、トキの人工繁殖、ゴビ砂漠のポプラ植林事業、横浜ベイブリッジ復活事業、桜ロード苗木移植、などが取りあげられている。身近な食の改善や自然環境保全に対しても、地道な活動の継続とともに、並々ならぬ叡智が注がれていた。

第五を仮に「芸術演芸・文化財復興・復元」としよう。

件数は同じく18件、10・1％である。第十一回に「美空ひばり 復活コンサート ―― 伝説の東京ドーム」では、舞台裏に活躍する３００人が紹介されていた。その後には「ゴジラ」ブームを作った映画『ゴジラ』の背景を伝えるものであった。『ベルサイユのバラ』を演じた「宝塚歌劇団」のエピソードも紹介された。

その他には、メトロポリタン美術館・北野天神縁起絵巻修復活動、中尊寺金色堂再建事業、大阪万博警備作戦、アンコールワット修復事業、吉野ヶ里遺跡発掘活動、たたら製鉄復活事業、旭山動物園の復活などが取りあげられている。保存、修復、復元にかかわる社会文化的活動は、新製品の開発や悪との対決などと違って、社会の表面に現われることの少ない非常に地味な仕事なのである。その裏舞台でまじめに活躍する多くの日本人がいることは心強い限りだろう。

第六は「悪・事件事故・自然災害との戦い」と命名することにしよう。全部で16件、9・0%であった。これらは非常にわかりやすい。第十回は三原山大噴火「全島一万人――史上最大の危機脱出作戦」である。次が前編・後編の二回つづきで、「悪から金を取り戻せ」として中坊公平弁護士チームが豊田商事事件に取り組んだ話であった。「あさま山荘事件」や「ペルー日本大使館人質救出」もあった。

その他には、三億円事件を扱った警視庁、阪神大震災・被災工場復旧、北陸トンネル火災事故、貨物船・尾道丸遭難事件、ホテル・ニュージャパン火災事件、マラッカ海峡・レインボー号事件など、その多くはジャーナリズムを通して、耳目に入ったものであった。こうした事件・事故の背景に、命がけで戦った人たちがいたのである。また、周囲の人々も自然に手を貸している。こうした人々の勇敢な行為や人々の協働は、それ自体は当然と捉えられるかもしれない。しかしながら、目を海外に転じると、大地震や大災害には、必ずといってもいいほど、世界の多くの地域では、暴動や略奪が頻発している。まじめな日本人のあり方が浮かびあがるだろう。

次の第七は「スポーツ・運動などへの挑戦」である。

10件が取りあげられ、5・6%をしめていた。最初は第十五回「海のかなたの甲子園」として沖縄・首里高校の甲子園初出場の裏にあった熱血教師たちを描いたものである。その後には「エベレストへの熱き1400日」というタイトルの下で、日本女子登山家の登頂を描いている。

その他としては、モントリオール五輪・柔道金メダルにおける師弟の絆、工業高校ラグビー部の日本一への挑戦、高校駅伝・日本一をめざした努力、釜石ラグビー部の日本一への挑戦などが描かれていた。スポーツ、運動競技は生来の素地もさることながら、地道な努力の継続、すなわち勤勉さなくしては目標達成は不可能であろう。取りあげられた物語はまさしくその一部、氷山の一角であることを示していた。

最後は第八として「その他」という範疇を設けることにした。

全体で15件、8・5％であった。挑戦は一つひとつがどれも個性的、特徴的であり、くくることは本来むずかしいものである。「女たちの10年戦争」は男女雇用機会均等法が成立する背景を描いたもの。また「衝撃のケネディ暗殺」では、はじめて行われたKDDの日米衛星中継において、アメリカ大統領・暗殺事件が突然ニュースで飛びこんできたのである。「父と子 ―― 執念燃ゆ」では、大辞典・広辞苑が出版されるまでの父子交流を描いたものであった。

その他には、マン島TTレース、日本製ブルドーザーのアメリカ進出物語、鈴鹿8時間耐久レース、キッコーマン・アメリカ市場開拓のドラマ、宅急便創設の苦労物語、ギニアの国土基本図作成事業などが描かれていた。対象は異なるとはいえ、挑戦はどれを取っても一筋縄でいくようなものではない、人生をかけて挑んだ様子が現われていた。

頻度の一番多かったのは、第一のカテゴリー「新製品の開発」であった。何に挑戦するか、番組制作者はもちろんのこと、視聴者にとっても、一番わかりやすいテーマなのだろう。表現をかえれば、挑戦者の目標達成行動が、どのように起承転結したのか、そのトータルを捉えて分析しやすい、という背景があるのかもしれない。その意味で、頻度、割合が全体の三分の一をしめて、高いというのも頷けるであろう。

第二の「世紀の大工事」、第三の「救命・救助作戦」、そして第五の「悪・事件事故・自然災害との戦い」なども、挑戦者の心情を非常に理解しやすいだろう。また、第一のカテゴリーと同様に、挑戦者の目標達成行動をトータルに理解しやすい、ということもあったのだろう。もちろん、視聴者に大きな感動を与えたことはいうまでもない。その意味でも、対象となったことは十分に頷けるものであった。

しかしながら、「自然保護・食の革新」、「芸術演芸・文化財復興・復元」、「スポーツ・運動などへの挑戦」となると、実際は陰に隠れた挑戦者がいっぱいなのである。誰もがここの挑戦者でありうるだろう。ちなみに、アメリカの野球界で大活躍するIchiroである。東京オリンピックにおいて大松博文監督率いる女子バレーチームなどは、六十代以降の人々なら一番の挑戦者たちにあげるかもしれない。こう考えると、挑戦者たちは世代によって大いに違うこともあるだろう。たまたま番組で取りあげられてはいないが、隠れた人たちでいっぱいなのが、わが国の挑戦者たちの現状ではないか。彼らはもくもくと目標をめざして奮闘努力し、苦難を乗りこえて達成し、大きな喜びを味わっている。まさしく勤勉な人生を生きているといえるだろう。

10　国民性調査 ―― 統計数理研究所

文部科学省付置の独立行政法人・統計数理研究所は1953年から5年ごとに「日本人の国民性調査」を継続実施してきている。詳細は研究所ホームページに任せるとして、日本人は自分自身の性格（長所）をどう評価しているのか、面接調査によって詳しく研究してきている。

面接調査担当者は、「合理的、勤勉、自由を尊ぶ、淡白、ねばり強い、親切、独創性に富む、礼儀正し

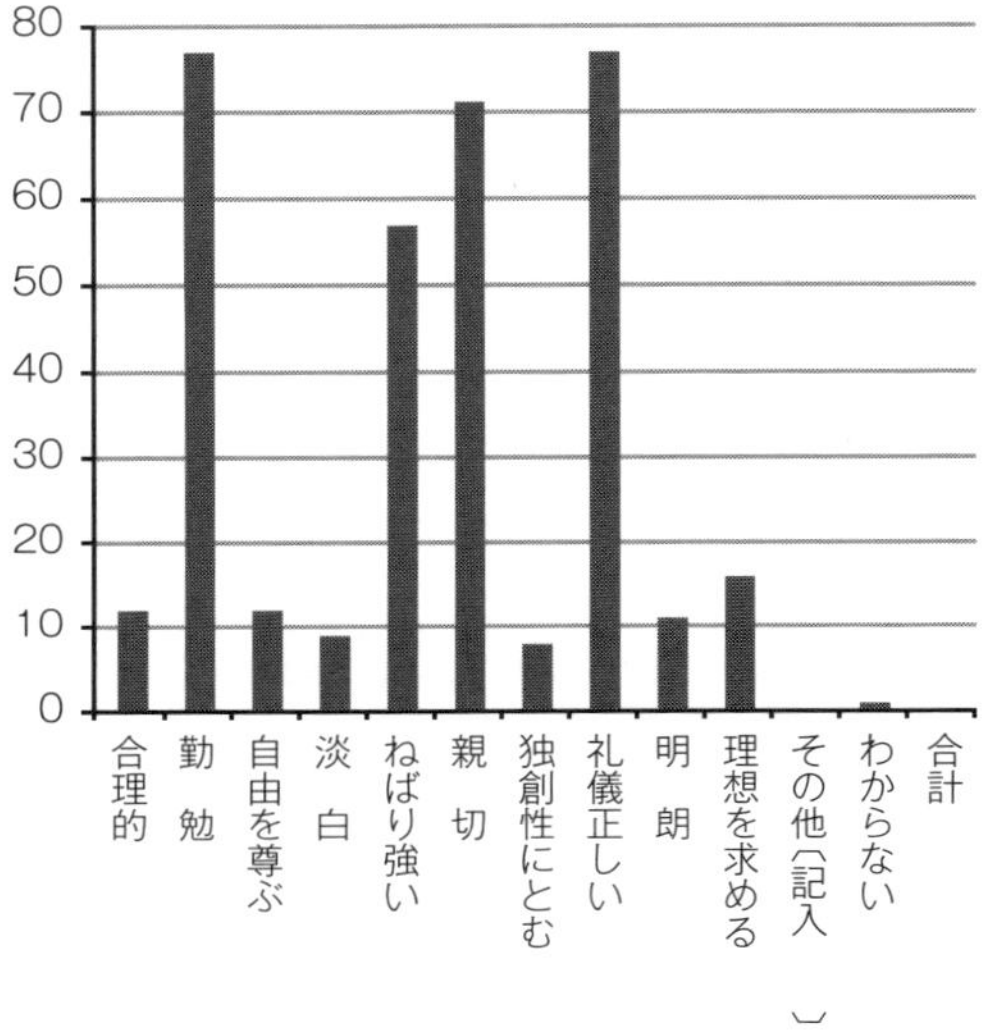

図１－３　日本人の国民性調査（統計数理研究所 2013）

い、明朗、理想を求める」の10項目を相手に示して、日本人のよい性格特性となっている項目を好きなだけ選ばせたのであった。被面接者は20代から70代の成人であり、３０００人あまりの人たちが、面接で協力していた。一昨年の総括的結果を図１－３（２０１３）に示す。

この調査の選択肢の中には「勤勉」があり、他の項目との関連で、どのような位置にあるのか、評価を相対的に分析することができる。棒グラフ（図１－３）の２０１３年のデータは、実に明快であった。

被調査者の８割近い人たちが、10個の性格項目の中で長所の一番に選んだのが、「勤勉」と「礼儀正しい」の二つで、同じ順位で一位になっている。三位は「親切」であった。反対に「独創性に富む」が一番低く、次に低いのは「淡白」、つづいて「明朗」、「合理的」、

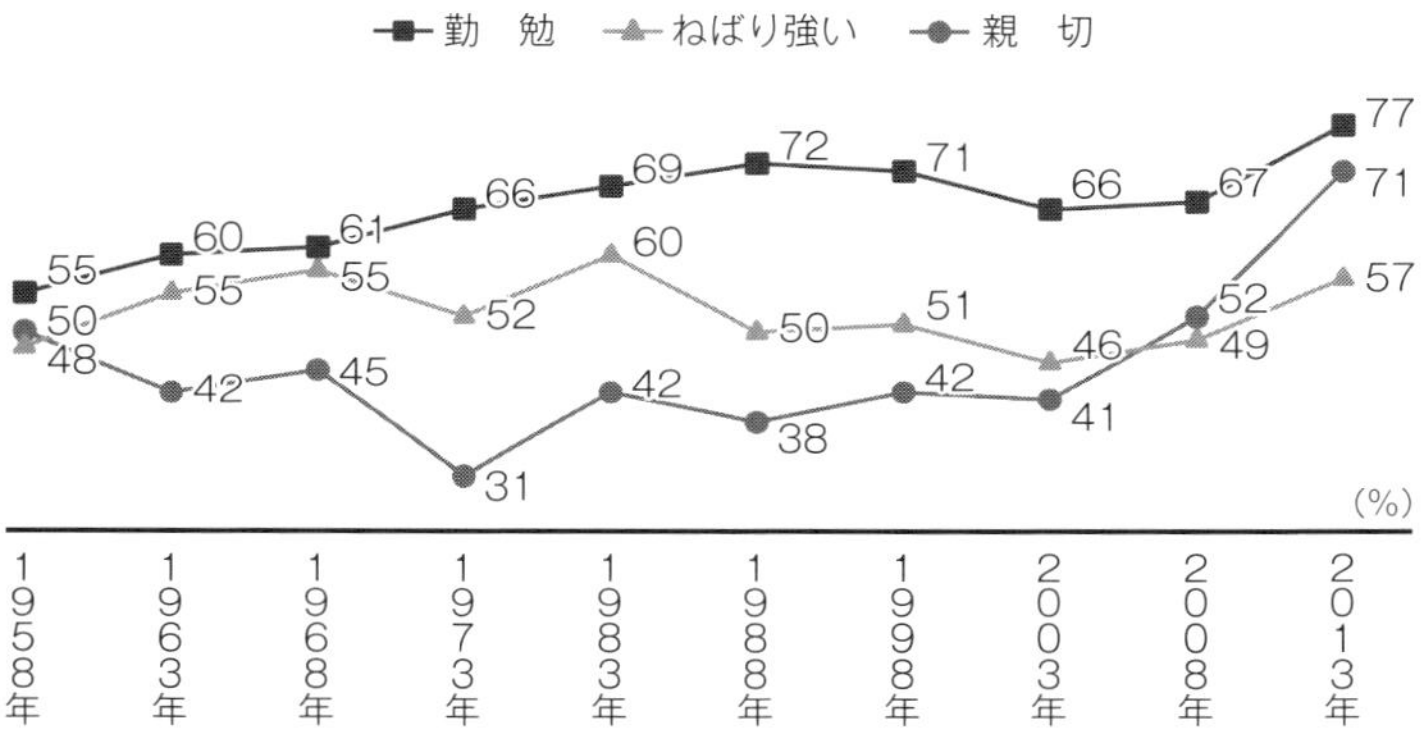

図1－4　三つの国民性の年次変化（統計数理研究所 2013 のデータを元に作成）

「自由を尊ぶ」と来ている。われわれは望ましい資質の自己評価として、勤勉で礼儀正しく、親切なパーソナリティーを備えているが、逆に独創性は乏しく、合理的でも淡白でも自由でもない、と感じているらしい。

次に１９５８年からの過去10回の調査を比べるために、今度は上位三点だけに注目しよう。図１－４をみると、半世紀あまりの間、一貫して一番高い評価を得ているのが「勤勉」なのである。「勤勉」につづく第二位は、最近の三回が図にはないが、「礼儀正しい」であった。しかしながら、２００３年以前になると、１９５８年に「親切」に追い抜かれたことはあるが、「ねばり強い」が勤勉につづいて第二位をしめている。なお、元データをみると、１９８８年の調査では「礼儀正しい」も第二位の同順位であった。

こうした調査結果を素直に読むと、われわれ日本人は、過去半世紀以上にもわたって、自己判断として、「勤勉」を自身のよい資質、性格として最重視し、そう努めようとしてきた、ということではないだろうか。その意味では、日本人の根幹をなす資質である。

「勤勉」の第一位はゆるがないとしても、「ねばり強い」、「親切」、「礼儀正しい」が、ときどき順位の入れかわることもあるが、終始上位にあがってくる。「勤勉」、「ねばり強い」、「礼儀正しい」、「親切」、この四つの性格特徴が、前世紀からの日本人の常日頃から重んじているパーソナリティー特性である、と断定することができる。ということは、家庭や職場では、こうした資質を高く評価するとともに、その他の社会的場面においても強調してきた、ということではないだろうか。

最後に注目しておきたいのは、「ねばり強い」と「勤勉」との関係である。「ねばり強さ」が欠ければ「勤勉性」は失われるし、また逆も真なりだろう。両者には強い相関関係、表裏一体のかかわりがある、ということである。困難があっても耐えながら、目標を達成するために、一生懸命に勤めることをわれわれは最重視している。ここに日本人の勤勉性の特徴が現われている。こう眺めてくると、日本人のかかわる社会的場面では、「怠ける」、「チャランポラン」、「いいかげん」などは、反対に一番嫌悪され、信用されない人柄の指標になっているものと思われる。

11　勤勉とは何か ―― 言語分析

いろいろなエピソード、ケースを引いて、勤勉な人々の事例をみてきた。また、統計数理研究所の「日本人の国民性調査」によって、われわれがパーソナリティー資質として「勤勉性」をいかに重視しているかも明らかになった。ここでは原点に戻って、「勤勉とはいったい何か」、その中身、意味について基本的問いを発してみる。

分析の出発点はまず言葉にこだわって辞書を引くことである。『岩波国語辞典』（第三版）は、「仕事や勉強に一生懸命に励むこと」と定義している。さらに「一生懸命」を引くと、昔の「一所懸命」から転じて「（命がけで）真剣に物事をすること」と説明されている。辞典的意味の結論は「仕事や勉強を真剣にすること」に集約されるだろう。

われわれは日常生活で、勤勉を表わすのに、その言葉一語で満足しているのではない。さまざまな社会的状況にあわせて適切な表現、つまり、関連語を考えて選択し、含蓄を正確に伝えよう、と努力している。常識のある人なら誰もが普段していることであろう。関連語を分析することは、意味を追求する上で欠かせない大事なステップなのである。

インターネットを使って、「勤勉」の類語・同義語・近縁語を探すと、数秒もしないうちに次々と出てくる。「努力、精進、精勤、精励、粉骨砕身、刻苦勉励、（仕事）熱心、たゆまぬ（努力）、働き者、人一倍働く、休みなく働く、よく働く、働きのいい社員、努める、精を出す、いそしむ、（仕事に）明け暮れる、苦労もいとわない、『キリギリス』ではなく『アリ』」など、たくさんの表現がみつかったのである。

さらに次に進んで、「勤勉な」に相当する形容詞・副詞の類語・同義語・近縁語を探っていくと、以下のようにたくさん記されている。「着実に、一生懸命に、こつこつと、まじめに（働く）、せっせと、入念に、こまめに、まめに、根気よく、献身的に、休みなく（働く）、身を粉にして、精力的に、額に汗して、骨惜しみせず、骨身を惜しまず、ねじり鉢巻きで、陰ひなたなく、忠実に（遂行する）、たゆみなく、せっせと（働く）、てきぱきと（こなす）、きびきびと（働く）、こまネズミ・働きバチ・働きアリのように、あくせく立ち働く」などが出てくる。後の方になると、その意味は消極的になってくる。

対応する英語を探すと、『ルミナス和英辞典』は、よく働く・勉強するとしては、「hardworking」、口語的で一般的な言葉は「diligent」、格式ばった語としては「industrious」が使われていると出ている。さらに「diligent」の反対の意味を表わす単語としては、careless, thoughtless, lazy, idle, unconcerned などがあげられている。

勤勉の対義語は、怠慢、怠惰、なまける、の三つがあがり、逆に怠惰の類語を探すと、「怠慢さ、遊惰、無精さ、物臭、不精、惰眠、骨惜しみ、怠け癖、ものぐさ、横着、なまくら、ぐうたら、不まじめ、しり重、ずぼら」などがあがってくる。

12　認知的特性

辞書による分析からわかるように、世の中には勤勉な人もそうでない人もあるという意味で、勤勉性は基本的には、われわれの人柄、パーソナリティーの特性、資質、個人差の問題なのである。そして、最初の国語辞典の「仕事や勉強に一生懸命に励むこと」という定義が明快に伝えているように、取り組もうとする「仕事、勉強」についての知識、技能が深くかかわってくる。

この知識、技能とは、具体的にいえば、第一に何を達成するのか、めざす目標、ゴールとはいったい何か、そして、達成するための準備はどこまでできているか、などが重要なテーマになるだろう。すなわち、取り組む目標に関する知識・技能、実力の準備状態、レディネスが深く関与してくる。

もう一つ重要なことを指摘すると、目標達成までの道のり、プロセスの見通しである。目標を達成するための「段取り」はどうなっているか、ゴールへの道筋はどのように想定されているのか、どこまで緻密にプロセスはプログラミングされているか、などが勤勉な仕事、勉強のあり方を大きく左右しているのである。これらの知識、技能はどれをとってもたいへんに重要な認知的特性、能力になる。

13　感性的特性

知的準備が万全であったとしても、目標が順調に達成されるという保障は何もない。ここに最初の定義の中にある「一生懸命に」という言葉が関係してくる。仕事や勉強にかかわる人間の内面、心の状態である。目標を真剣に捉えているか、どのような姿勢、態度、構えでかかわっていくのか、が深く関与してくるのである。

一生懸命の関連語は非常に参考になるだろう。「まじめに、せっせと、入念に、こまめに、まめに、いそしんで、忠実に、熱心に、てきぱきと、きびきびと」などは、仕事や勉強と、その人間とのかかわりを示すよい表現であろう。この関連語は、まさしく意欲、意志、動機づけ、モーチベイションが高くなければならないことを示している。それらをまとめて「感性的特性」と命名するとすれば、第1章であげたさまざまな挑戦者の事例にみられるように、いかに感性的特質が大きな意味を持っているかがわかるだろう。

感性的特性は簡単にまとめると、二つの働き方をすると考えられている。

一つはいうまでもなく積極的、能動的に目標達成に向かっていく方向である。これに問題はまったくないだろう。対して目標を回避する逆方向の感性もある。反対や反発は逆方向のエネルギーで、抵抗が大きいために、誰もが心配するのが普通なのである。しかしながら、その間にはプラスでもマイナスでもない、関心ゼロという、いわゆる無関心がある。一番手に負えないのが、実はエネルギーのまったくない無関心、無気力という感性的特性なのである。

14　習慣傾性的特性

物事をなしとげる過程には、さまざまな力が働いている。その時その場の瞬発力、意欲、熱意はその一つであるが、これまでのエピソード、事例からもわかるように、長期にわたって、忍耐強く目標、課題を追求しつづける行動傾向が大きな影響力を持っている。一時の瞬発力、情熱も大切であるが、後者の長期にわたって持続する行動傾向、エネルギーは、「習慣傾性的特性」として捉えることができる。

実際、勤勉性の関連表現にはたくさん出ている。「こつこつと、あきらめない、ねばり強く、たゆみなく、困難や失敗を恐れないで、くじけない、めげない、へこまない、へこたれない、七転八起の、不屈の、投げ出さない、持ちこたえる、屈しない、」などである。こうしたパーソナリティーの特性は、目標を達成する活動を成功も失敗もある一連の長いプロ

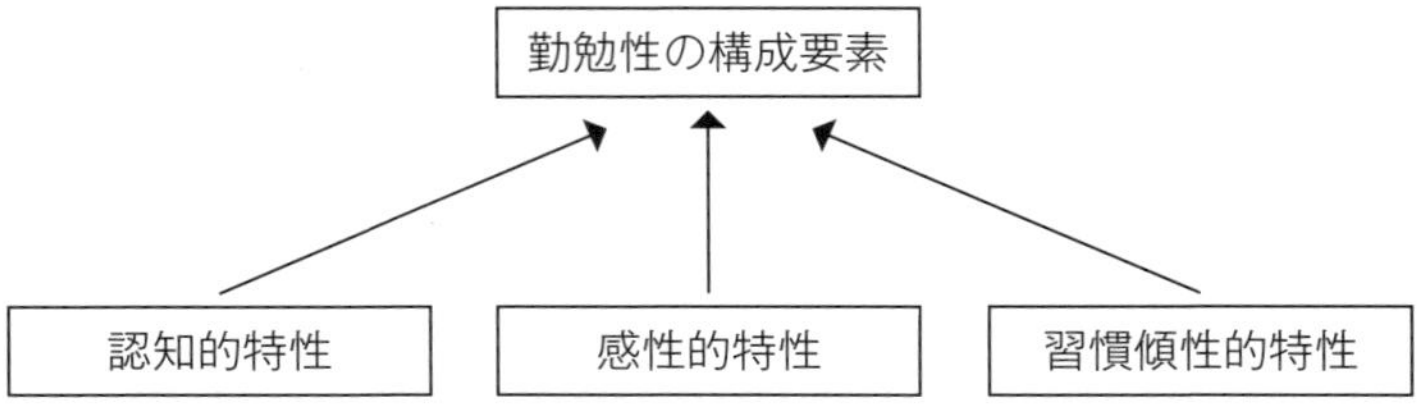

図１－５　勤勉性の構成要素

セスとして捉え、長年の生きる間に形成されたその人の習慣的な行動様式が「傾性」として深くかかわってくる、ということを示している。近年、注目されている心理学の概念を使えば、失敗してもめげない回復力であるレジリエンス（resilience）である。そして、困難のなか幸運にめぐりあって大成功するのも、この傾性という資質である。

まとめると、勤勉性という社会的資質の構成要素は図1－5のように、さまざまな力、特性、傾性が関与する複雑なパーソナリティー特性のかたまりなのである。とりわけ、答えのまったくみえない創造的問題解決にあたるようなときには、事前に備わっている知識や技能などの実力もさることながら、問題に直面して、失敗を恐れず、くじけず、立ち向かうレジリエンスが、勤勉性の大きな機能を担っているだろう。すなわち、習慣傾性的特性である。その象徴的な最近のエピソードは、１０００回をこえるような実験の失敗にもめげず探求しつづけた２０１４年のノーベル物理学賞受賞者、名古屋大学大学院教授、天野浩教授の体験に、その典型例をうかがうことができる。

第2章　勤勉性の基盤

1　M・ウェーバー

人間の勤勉性に学問的な光をあてたのはマックス・ウェーバーであった。彼は１８６４年にドイツで生まれ、１９２０年に亡くなるまで、社会学者、経済学者として多方面に活躍し、世界的に著名な学者になった。とりわけ、１９０４年に発表された「プロテスタンティズムの倫理と資本主義の精神」という名の論文は、社会科学者をこえてさまざまな人々に影響を与え、偉大な思想になったといえる。ウェーバーの主張の骨子部分を大塚久雄の講演集『社会科学の方法』（１９９２）から少し長いが引用することにしよう。

「ピューリタニズムの倫理は資本主義の精神の生誕にあずかって大いに力があったという有名な見解を提出しております。（中略）中世のカトリック教会では、利子禁止の法などがあったが、事実はいっこうに守られていなかったばかりか、教会自身がそれを育成したふしがないではない。

たとえば、宗教改革のさいにルッターを怒らせたみょうばんの鉱山の独占権や免罪符の販売権を大商人にあたえていたことなどがそれです。つまり法王庁は高利貸から莫大な負債があり、その償却のために、こうした利権を彼らにあたえたのです。

ところで、カルヴァンは五分の利子を許した。そこで、彼が高利貸に緩やかになったように、しばしばいいますが、事実は逆で、五分以上の利子はおそろしく厳しく取り締まったのです。（中略）

ピューリタニズムが資本主義の精神の誕生にあずかって力があったというのは、いったい、どういうわけかといいますと、一見逆説的ですが、こうなのです。単なる貪欲からおこなわれる、他人の損出も不幸も考えていないような金儲け――ルッターが商人は泥棒だといったのはご存知でしょう――こうした営利欲をピューリタニズムはみごとに否定してしまった。

その結果として、生産力を高め、民衆の生活を豊かにするような、自己の倫理的要求と一致するようなタイプの営利が生まれてくることになった。これが近代の資本主義経済の萌芽なのだというのです。」（178頁）

講演の中にある「倫理的要求」という言葉がキーワードである。営利それ自体を目的に決して追求してはいけない。神から与えられた世俗の生き方、「天職（Beruf）」を真摯に生きるということが鍵なのである。すなわち、ピューリタニズムは、人々にまじめに働き、節約に努め、規律を守って、禁欲的世俗生活をおくることを日常の信仰の一環として強く求めたのであった。そうした勤倹な暮らし、生き方、職務が神の御心に適うことにつながり、ひいては来世において救済される証になる、と強く説いたのであった。ルッターやカルヴァン派のものの見方・考え方は、身近にしてわかりやすく、強い説得力があった。

周知のように、ヨーロッパ中世の社会の中で力を持っていたのは、街の中心にそびえ立っている巨大なゴシック建築、そこに権威を誇ったカトリック教会や司教座にある司教たちであった。しかし、彼らの中からは、腐敗に手を染める者たちが続出して、社会から厳しく指弾されていたのである。

普段の仕事に一生懸命に励み、節約するにつれて、禁欲倫理にかなう利潤、ストックは、必然的に蓄積されていったのである。すると、次の天職に再投資する機会がやってくるのは当然だろう。こうして経済活動が発展していく「循環サイクル」がドイツ、オランダ、イギリスなどの地域において回りはじめて、資本主義社会発展の基盤が確立されていったのであった。ところで、社会科学者は循環サイクルを経済面から分析しているが、後で述べるように、人間の勤勉性という心的資質が強化される循環サイクルであることも強調しなければならない。この側面が見失われていたのだろう。

当時の先進国は地中海に面するギリシャ、イタリア、スペイン、フランスなどのカトリック諸国であった。しかしながら、多くの人々は現状に満足して、昼間は働くけれども、その間にもシエスタをとったりして、社会はまったく停滞していた。その中で、ルッターの教え、カルヴァンの宗教教義は説得力があり、人々を魅了していた。そして、ドイツのみならず、フランスではユグノー、イングランドはピューリタン、スコットランドはプレスピテリアン、オランダはゴイセンと呼ばれて、ヨーロッパ全土に急激に浸透していった。こうして次第にカトリックと宗教的に厳しく対立しはじめるのである。

まとめると、勤勉、節約を重んじるピューリタニズム、カルヴァン派のまじめな生活態度が、ドイツ、オランダ、イギリスなどに利潤を蓄積させて、つづいてくる資本主義社会を勃興させる大きな契機になった、ということであった。マックス・ウェーバーは、資本主義社会への隠れたエネルギーを、宗教に導かれた人々の禁欲的な勤勉性の中に発見し、社会科学の行方を左右する先駆者の一人になったのである。

ここで関心があるのは、ウェーバーの学説を云々することではない、わが国の勤勉な人々、挑戦者たちのことである。

はたして日本列島に暮らした人たちに、ピューリタンにみられる強い宗教的信念はあったのだろうか。答えは明らかに否定的であろう。仏教や儒教、神ながらの道などは、心の中にしっかりと根づいていたであろう。とはいえ、大きく捉えると、その機能はヨーロッパとは明らかに違っていたのである。もちろん、良いか悪いかの価値判断の問題ではない。としたら、この列島において日本人が培った勤勉性、まじめに働く資質とは、いったいどのような起源、背景があったのかが問われるべきだろう。

2 『フランクリン自伝』

『フランクリン自伝』ほど長期にわたって日本人に愛された外国人伝記は少ない。特に立身出世が若い人たちのモデルであった明治時代から大正、昭和初期にかけて、人生の書として愛読されてきたのである。翻訳者の一人である西川正身は、「フランクリン自伝の周辺」という後記の中で、『福翁自伝』と対比し、両者には驚くほどの共通性が認められる、と書いている。

フランクリンと福沢諭吉は、激しく移りかわる時代の中にあって、志をたててみごとに実現していった人である。二人の志の高さ、強さは他の誰にも優るとも劣らないものであったろう。そして、積極的に人生を肯定した考え方、態度においても強い類似性があったのである。加えて、天啓、神仏に頼らない「合理的」なものの見方・考え方、そして自立心も両者には共通していた、と語っている。

もう一人の訳者、松本慎一は、『フランクリン自伝』は人生の教科書としての高い価値がある一方で、「アメリカ資本主義の揺籃史」としても必読にあたいする、と述べている。感心するのは、ウェーバーがフランクリンをしばしば引用していることであった。そして、西川正身は『プロテスタンティズムの倫理と資本主義の精神』を読むことを強く奨めている。

ベンジャミン・フランクリンの詳細な紹介は自伝に譲るとして、1706年、アメリカはボストンに生まれ、1790年、84歳で没するまで、当初は印刷業から出発して、ジャーナリスト、科学者、著作家、政治家、外交官など実にいろいろな仕事に従事してきた人であった。

図2－1
ベンジャミン・フランクリン

有名なのは、アメリカ独立戦争時にフランスにあって、諸外国の眼をアメリカに向かせ、大活躍した大使としても知られている。またアメリカ独立宣言の起草委員になるなど、合衆国建国の父の一人として人々の尊敬を集めてきた。

小中学生に有名なのは、雷の電気的性質を知るために、嵐の中で行った凧揚げ実験である。こうしたすべての業績が、ベンジャミン・フランクリンをして、アメリカ100ドル紙幣の肖像画に掲載させた背景にあったのだろう。

表2－1　フランクリンの一日

朝	（設問）	今日はどんな善をなすべきか？
5時		起床、洗顔、全能の神への祈り
6時		一日の計を立てて、決意をすること
7時		今の研究を遂行する。朝食
8～11時		仕事
昼		
12時		読書、帳簿に目を通す
1時		昼食
2～5時		仕事
晩	（設問）	今日はどんな善をなしたか？
6～9時		整理整頓、夕食、音楽、娯楽、雑談、一日の反省。
夜　10～4時		睡眠

『自伝』によれば、彼は二十代後半になる頃から、達成すべき信念を13の徳目にまとめて毎日実践し、また反省を怠らないように努めていた。彼がめざした徳目とは「節制、沈黙、規律、決断、節約、勤勉、誠実、正義、中庸、清潔、平静、純潔、謙譲」であり、毎週徳目の一つを決めて追求してきた、と述べている。

13徳の中の「勤勉」では「時間を空費するな、常に益なることに従い、無用な行いは断つように」、「節約」では「自他に益のないことに金銭を費やすな、浪費するな」、「規律」では、「物はすべて場所を決めて置き、仕事はすべて時間を決めて行え」などと細かく限定している。その書き方はまことに具体的で、何をして何をしなかったか、よくわかるようになっている。

フランクリンのきめ細かさ、その熱心さ、実際性、合理的な生き方は、彼が一日の暮らし方を日程表にして定めているところにもうかがわれる。彼の勤勉さを示す資料として、一日の暮らし方のスケジュールを上に掲げよう。

アメリカ人は朝が早い。フランクリンも5時には一日がはじまっている。彼はまず一日の計をたてた。そして8時には仕事にかかっている。昼食後にも昼寝の休憩をとることはない。午後もつづいて仕事に励み、夕食前になると、今日はどんな徳を実践したか、その状況を振り返るとともに、反省も欠かさない。また一日の整理整頓をして、その日のけじめもつけていた。

現代の表現にすると、目標達成行動である。彼の暮らし方には「計画・遂行・評価」が根底にあったのである。最初に今日は何をするか目標を立てる（plan）。その後は、一生懸命に目標を追求して（do）、締めくくりとして実現できたか否かをチェック（see）している。

フランクリンは、計画（plan）－遂行（do）－評価（see）という一連のP－D－Sサイクルを明確に意識して、合理的で実際的な生活をおくっていたのである。面白いのは、その後、著名な彼の暮らし方をヒントにして、「フランクリン手帳」なるビジネス手帳さえもが出版されていることである。

『自伝』を読むと、二つのことが気にかかった。

一つは彼の長命な生涯である。その驚くべき長命を実感するために、明治24（1891）年の日本の第一回生命統計を参考にしよう。資料によると、ゼロ歳児の平均余命は男子42・8歳、女子44・3歳であった。18世紀の当初（1706年）に生まれ、84歳まで生きた彼の時代の平均余命統計はないが、仮に当時で40歳前後とみると、まれにみる長生きの人生だったことが確かめられる。

規律ある生活の中で、勤勉に努めた二十代後半とは、現代でいえば40～50代に相当するものかもしれない。彼は日常生活の問題を解決していく中から、生きるノウハウを自己発見し実践する中で、自分でも納得のいくような言葉にかえていったのだろう。積極的に体験を広げて、多くの叡智を汲み取り、目の前の人生を豊かなものにしていったその土台には、彼の長寿があったということなのである。

もう一つ気になったのは、宗教とのかかわりであった。

マックス・ウェーバーも引用するフランクリンだから、プロテスタントとして相当に深い宗教心を抱いていただろう、と想像しても不思議ではない。ところが、普段の仕事には知恵を傾けて熱心に勤めてはいるが、宗教への信仰心を示す記述が、自伝にはほとんどみあたらないのである。

フィラデルフィアに向かったとき、寝不足ではじめて泊まったのがクェーカー教会であった、という記述があるように、大人になってもまったくといっていいほど教会へは通っていない、とみられる。

「印刷業を開業す」の項には次の一文がある。

「私の両親は早くから私に宗教心が起るようにし、幼年時代を通じて、敬虔に私を非国教会派の方向に導こうとしたのである。ところが、いろいろ本を読んでみると、いくつかの点に対して異論が出ているので、そうした点について次々に疑問を持つようになり、そのあげく、15歳になるかならない頃には、天啓そのものさえも疑いはじめたのである。」(91頁)

さらには、こうも述べている。

「天啓は実際それ自身としては私にとってなんらの意味も持たず、ある種の行為は天啓によって禁じられているから悪いのではなく、あるいは命じられているから善いというものではなく、そうではなくて、それらの行為は、あらゆる事情を考え、本来われわれにとって有害であるから禁じられ、あるいは有益であ

るから命じられているのであろうと私は考えた。」(93頁)

人間に勧められる徳や善とは、天啓とはまったく別に、本来は社会生活をしている中から、人々が経験的に編み出した所産、叡智である、と考えていたのである。

天啓とは神が人間に与えたお告げ、教えであろう。しかし、神が直接に人間に告げることはない。その代理人として宗教指導者が神との重要な仲介役をはたしてきたのである。すると、次第に権威を持つにいたることは人間社会の必然だろう。フランクリンは神の存在を否定する無神論者ではない。このことは、少年時代の記述の中に、神について感謝しているところがあることからもうかがえるのである。

フランクリンは天啓や神、まして宗教者などにはまったく頼らず、現実を自分でみつめ、自身の頭で主体的に判断している。さしずめ現代なら、マスコミや有力者の言に流されることではないだろう。何事も素直に自分の頭で受けとめ、他人の意見はその妥当性、信頼性を自発的にしっかりと検証する、ということなのである。すなわち、リアリズムと合理主義にしたがって、自立的に人生をおくっていたといえるであろう。

ウェーバーはピューリタニズムに強い信をおかないフランクリンの中にも、資本主義の精神をみたことになって、社会学的には一見矛盾した主張をしているかに映るかもしれない。否、矛盾ではないだろう。そもそも資本主義の精神、発展を支えたものは、禁欲的な倹約、勤勉のピューリタニズムに限ったことではないのではないか。実際は非常に多くに淵源があった、ということではないだろうか。そう考えないと、外国人にはマニアックにもみえる日本人のまじめさ、働き志向、根幹にある勤勉さは、まったく説明することができない。源が一つではないとしたら、恐れずに原点を素直に追求することだろう。それが創造性への道ではないか。

3　戦後歴史観

わが国の戦後の社会科学に大きな影響を与えたのがマックス・ウェーバーであった。戦後間際の知的な状況について、平川祐弘著『進歩がまだ希望であった頃』（１９８４）が率直に述べているので、そこから少し長いが引用する。

「ここで敗戦後の日本の論壇を風靡したウェーバーの説を権威として行われた日本批判にふれないわけにはいかない。それは、日本はプロテスタンティズムの伝統を欠く、そのために日本は近代市民社会が健全に発達する人間的基盤をもまた欠く、とするいわば欠除体による日本の前近代性への批判であり、日本における資本主義発達の歪みの告発であった。昭和二十年代、人々は自信を喪失していたから、その種の自虐的見解は学界や学生たちの間で広く受け入れられた。」（１７４頁）

「その日本が予測を越えて急速に経済成長を遂げるに及んで、その種の自虐的な見解はいつしか力を失っていった。そしてそれに代わって、日本資本主義の精神に先行するはずの経済倫理が徳川期の土着の信仰の中に求められるようになった。日本の事物にそれほど詳しくない外国の学者の中にかえって石門心学の

名前をあげる人なども出てきた。」（175頁）

平川祐弘は前掲の書物の中で、わが国の勤勉倹約、努力には日本独自の背景がある、と主張している。詳しくは前著を参考にするとして、『正法眼蔵随聞記』や『礼記』の中のさまざまな表現、江戸時代の町人教訓書などを分析すると、それらの中に勤勉や自助《セルフヘルプ》、立身出世に通じる精神がしっかりと宿されていることを示したのであった。

そして平川は、わが国の文系学者による戦後のウェーバー受容過程を厳しく評価したのであった。わが国の社会科学者の偏向を惜しんでいる極めつけの文言を再び引用することにしよう。

「東アジアの大陸外の国々は、西洋起源のイデオロギーを字義通りに受取らず、それらを国是としなかったことによって今日、繁栄を享受しているのではあるまいか。だとすると、学者たちもウェーバーやマルクスなどの原書購読や、書籍的な解説などに自己の本務を限劃せず、目を日本を含む東アジアの現実に向けてそこから出発し、宗教倫理と経済発展の関係についてその実態を調べ、有効な発展の理論を提示していたならば、と我国の自前の学問の進歩のために惜しまれてならないのである。」（181頁）

主張はごく自然であり、海外の書物、活字、抽象ではなく、ボトムアップに足元の現実、実態、目前の社会をみよ、というのである。創造こそ使命である学者にとって、心しなければならないだろう。

日本には勤勉や倹約を支える独自の歴史的・文化的な背景が明らかに存在している。それを解き明かすために現実をみる。西欧に発する学問動向に右顧左眄することなく、自分の足元に焦点をあわせて、詳細に分析し検証していくことこそ、学者のアイデンティティではないか、その追求によって創造力を示そうという提言であった。

4　禁欲的勤勉性

ウェーバーが着目した「天職（Beruf）」に対するピューリタンの心性とは、どのような特徴があるのか。先に指摘したように、そこでは天職に対する禁欲的倫理が強調されていた。職務に向き合っている心のあり方、姿勢、構えをたえず自問自答する、ということだろう。

自分は今日、仕事を一生懸命にはたしたか、世俗的欲望で歪んだものにならなかったか、働き方は神に対して恥ずかしいものではなかったか、などが中心をなす自問自答であった。教会関係者の司教など他人が自分をどうみているか、という他者評価の問題ではない。天職を勤める自分自身がどう捉えているか、という自己判断、自己評価が中心になっていた。

仮に司教などの他人の意見、世間の動きによって、自分のあり方を適応させることを「外的コントロール」としよう。自身が内面において対話し、生き方、働き方を定めることは、その反対に「内的コントロール」といいかえることができる。ピューリタニズムの勤勉性は、一人ひとりの心のうちの内的コントロールによって機能しているのである。内的コントロールだから自立的になるし、自己責任を負うからねばり強いし、どんな苦難にも耐えられる、と推察されている。

信仰する人の内的コントロールは、天職をはたす人によって差異があるので、「個人主義的」特徴が生まれている。個人の確立が促される所以であろう。

自分の生き方、あり方に確信を抱いたピューリタンは、失敗、困難、迫害にめげることなく、天職に励んで資産を蓄え、自身の目標を達成するために、たくましく時代を生き抜いたのである。17世紀からアメリカ新大陸への移住者が、プロテスタントを中心にして盛んになったのも頷けるだろう。

横道にそれると、アメリカの文化人類学者、ルース・ベネディクトが第二次大戦末期、日本を文献研究して『菊と刀』を著したことはあまりにも有名である。西欧文化を「罪の文化」と規定し、内面にある良心にしたがって判断し、行動する傾向が強いことを強調していた。禁欲的倫理にかわって、良心が内的コントロールをしている、というのであった。

対して周りや世間を意識して判断、行動する傾向は「恥の文化」と規定された。外部社会に対して恥をかかないことが日本人の行動を外的にコントロールしている、と考えたのである。書物に依存したカテゴリカルな彼女の文化類型に対して、その後多くの批判が出たことは知られている通りであった。

わが国における青少年、大人の犯罪が、ヨーロッパ諸国やアメリカ、アジア諸国などと比較しても、圧倒的に少ないことは、犯罪白書などのデータを調べるまでもなく、あまりにも明快だろう。そして近年、国際交流が活発になって、わが国を訪れる外国人は非常に多くなっている。その彼ら外国人旅行者、海外からの滞在者たちが異口同音に「日本は世界で一番安全な国である」と称賛している。こうしたデータや日常感覚は、明らかに「罪の文化」、「恥の文化」の概念的理論を完全に裏切っているだろう。

5　問題 —— 手の抜けないもの

第1章のエピソードが示したように、われわれ日本人は相当にまじめ、勤勉、努力家なのである。そして統計数理研究所が平成25年に実施した「日本人の国民性調査」でも、面接調査を受けた8割近い人たちが、日本人のもっとも優れた資質として、勤勉性を第一番に位置づけていた。しかも、戦後一貫して半世紀以上も第一位でありつづけたこともつけ加えなければならない。

とはいえ、この一生懸命な生き方が、何かの信仰、宗教的心性に起因しているかというと、はたして何人の人が積極的に肯定するのだろうか。たとえば、ＮＨＫプロジェクトＸの挑戦者たちの中に、宗教的信念を表明した人はあったのかどうか、皆無と推察しても大きくズレることはないだろう。

宗教的信念の関与していないのが問題なのではない。

中心テーマは、「何が日本人の勤勉性を培ったのか、育てた源泉はどこにあったか」という疑問であろう。われわれ日本人の根幹をなす勤勉性、一生懸命さ、まじめに努力する資質について大討論する価値は大いにあるだろう。そのとき見落とせないのが、先入観に囚われることなく追求することである。

キーポイントは、この日本列島に暮らして、生きるために手の抜けないことがあるとしたら、それはいったい何かを探ることである。

手を抜けないから人々は必死に働いたのである。生きるために一生懸命に、こつこつと日々、勤めをはたしてきたのである。その中から困難に対しては真剣に取り組み、まじめに働いて解決するという勤勉さが次第に育っていったのであろう。はじめに観念、哲学、エートス、精神的潮流があったのだろうか。この根本的問いを自立的に考えつづけることであろう。

筆者の見方・考え方を端的にいえば、ユーラシア大陸の東縁から少し離れた日本列島にあって、生きるために手を抜くことなく、一生懸命に働く、地道に勤めをはたさなければならない源には、いったい何があったのか。この疑問を追求していくと、結局、われわれの身辺にある日常世界に行きつくのである。その回答は単純明快で、「雑草との戦い」であった。雑草とは、われわれの生存に不可欠な農作物の収穫を妨げる「最大の競争相手」であって、まったく怠けることは許されない。

ほとんどの人たちは、草という対象があまりにも身近にあり、かつ予想外にも思える問題提起に対して、きっと強い疑いを持つことだろう。否、そのとっぴさに眉をひそめるのではないだろうか。しかしながら、日本人ならほとんどの人が知っているわが国の著名な学者が、今からおよそ90年前、ヨーロッパに留学している間に、強い学問的啓示を受けていたのが、なんと雑草なのであった。

その著者と著書とは和辻哲郎『風土 ── 人間学的考察』（初版1935、改版1979）であった。問題の核心部分なので、少し長いが引用するとしよう。最初の節はヨーロッパを語っている。


「このように夏の乾燥と冬の湿潤とは、雑草を駆逐して全土を牧場たらしめる。このことは農業労働の性格を規定せずにはいない。日本の農業労働の核心をなすものは『草取り』である。雑草の駆除である。これを怠れば耕地はたちまち荒蕪地に変化する。のみならず草取りは特に『田の草取り』の形に現われている。それは日本におけるもっとも苦しい時期 ── 従って日本の住宅様式を決定している時期、すなわち暑熱にもっともはなはだしい土用の頃、ちょうどそのころを繁茂期とする雑草と戦うことを意味する。この戦いを怠ることはほとんど農業労働の放擲に等しい。

しかるにヨーロッパにおいては、ちょうどこの雑草との戦いが不必要なのである。土地は一度開墾せられればいつまでも従順な土地として人間に従っている。隙を見て自ら荒蕪地に転化するということがない。だから農業労働には自然との戦いという契機が欠けている。土地に小麦や牧草の種を蒔いてその成長を待っていればよい。日本のように土地が湿潤でないから麦畑に畦を作る必要もなく一面に草原のように麦を生えさせる。麦の間に他の草が混じるとしてもそれは麦よりも弱い。従って、麦に駆逐せられる冬草である。このように麦畑は牧場と同じに手がかからない。また少し離れてみれば牧場と麦畑との区別はつかないのである。両者の区別が明白に現われるのは四月末から五月頃ででもあろうか。麦があからみ初めれば牧草は刈り取られて乾し草にせられる。やがて麦の収穫が来る。農業労働には防御の契機はなく、ただ攻撃的な耕作、播種、収穫のみがあると言ってよい。」(87〜88頁)

和辻哲郎が対比しているのはヨーロッパと日本であった。彼の風土論には、多くの人々がたいへんに魅了されたが、あまりにリアルな日常世界の出来事である雑草という話題は、なぜか関心を引きつけるまでにはいたらなかったのである。

現代においてはますます視野の外におかれて、草に関心が向かないのは当然だろう。この二十一世紀、大都会に暮らし、高層住宅に住んで、豊かな日々をおくっている人々にとって、「草」はまったく縁のない対象、思いの外の世界であろう。大学や学校にいて、教室や研究室、会議室の中に閉じこもり、内外の活字を読んでいては、頭の中に雑草が入ってくる余地はまったくない。

こんな暮らしの人々は、公園管理者や建物・土地の責任者、所有者の立場に身をおいて、一度は周囲を見回してみる。あるいは、舗装した地面のない田舎の学校に行くのもいいかもしれない。すると半年以上にわたって部屋をあけ、校庭に出て草取りに余念のない人とは、実は校長先生であったということがしばしばである。学校や大学から外に転じて、田畑、果樹園、休耕田、空き地などに眼を向けると、すぐに問題状況は判然としてくる。

和辻哲郎の使った「戦い」という言葉がすべてを象徴している。

農作業の最大の敵は、この列島においては繁茂する「雑草」なのである。もちろん、病害虫を否定することはないだろう。農業を営む人たちの毎日の働きをみれば、すぐに納得できる。日々の仕事で、特に手を焼いているのが、野草を相手にした毎日のかかわりである。勤勉でなければ生きてはいけない。

図２－２　和辻哲郎（1955 頃）

読者はただちに問うだろう。

雑草はヨーロッパにもアメリカにもどこの地域にもある。現に雑草学会は日本、アメリカ、ヨーロッパにもある国際的な学会である。なぜ日本人だけが、草との戦いに明け暮れて、勤勉になったのか、と追求するだろう。この正しい問題提起に対しては、次章以下の詳しい検証によって納得していただけるだろう。結論部分を述べれば、温暖湿潤のこの日本列島は、どの先進国と比較しても、圧倒的に植物の成長が早く、またその種類は比較にならないほど多い地域なのである。この現実をしっかりと頭の中に入れておかねばならない。現代の概念を使うなら、世界の中でもっとも「生物多様性」の豊かな地域が、熱帯をのぞけば、この日本列島なのだということである。

6　勤勉性の形成 —— 基盤モデル

わが国は明治時代になって、西洋をモデルに富国強兵政策によって、積極的に近代化を進め、産業国家としての自立的発展をめざしてきた。そのために政府は工・鉱業を振興するとともに、農業や牧畜業などにも意欲的に政策を進めて、北海道に屯田兵制度を制定したのであった。また今日の北海道大学の前身である札幌農学校を拓き、教頭にマサチューセッツ農科大学学長、ウィリアム・クラーク博士を迎えたのはよく知られている。また東京には農事修学場を開設して、後の東京帝国大学農学部になっていく。

近代化に向かいはじめた明治時代、農業や林業に就業した人口は、どの程度の割合であったろうか。統計を探すと、おおよその農業の位置、あるいは農作業の負荷が明らかになる。明治5年（1872）では、推定総人口は約3500万人、そのうち81％が農鉱業に従事していた。明治33年（1900）には、少し低下して約67％になり、その後もこの割合は低下していったのである。

戦後の昭和22年（1947）は、農業人口は総人口のおよそ50％、半分までに低下したのであった。平成21年（2009）では、農林水産省の農業就業人口統計によれば、4・6％までに減少している。そして厳しい現実とは、65歳以上の高齢の就業者が全体の61％をしめるまでに増加したことであった。

この統計データが示すことは非常に明白で、前世紀半ばまでは農業人口が国民の過半数をしめていた。田や畑、果樹園などにおいて、農業の生産性をあげるために、勤勉に働いていた人たちが国民の大多数であり、農作業の負荷は高かったというべきだろう。製造業などの第二次産業、サービス業などの第三次産業に多くの人たちが就業しはじめたのは、戦後から現代までの過去数十年なのである。

端的にいえば、この列島の人々は、有史以来、営々と農作業の生産力をあげるために努力を重ねてきている。成果をあげる決め手となったのが、農作物との競合相手に対しては果敢に戦いを挑んで、穀物の成長を助け、収穫をあげることであった。雑草は3月から10月末まで休むことなく成長しつづけている。収穫をあげるためには、競争相手の雑草には叡智をこらして戦ってきたのであった。

怠けていては、家族を養うに十分な収量を手にすることはできない。手を抜けない目の前の現実に対面し、一生懸命に暮らしている間に、働き者が自然に形成されたとしても、何の不思議もないだろう。雑草との不断の対峙が、怠け者を許さずに、働き者を育てた、勤勉な資質形成に貢献したとする「仮説」は、はたして妥当性を欠いているのだろうか。日本の土壌、風土に合致したものの見方であろう。

以下では、日本人の勤勉性の背景には、雑草とのたえざる戦いがあることを基本的仮説として、勤勉さを説明する基盤モデルを図2－3に示すことにしよう。この説明モデルは、前世紀の半ばまで、非常に長期にわたって、農業社会を生き抜いてきた日本列島の住人が、どのようにして働き者になったかを解説する枠組みである。

わが国の農作業は地域にあるコミュニティーを核にして営まれてきた。コミュニティーは数家族から数十の単位になったこともあったろう。それぞれの家族が協働して、河川から自分の田畑に水路を作って水を引

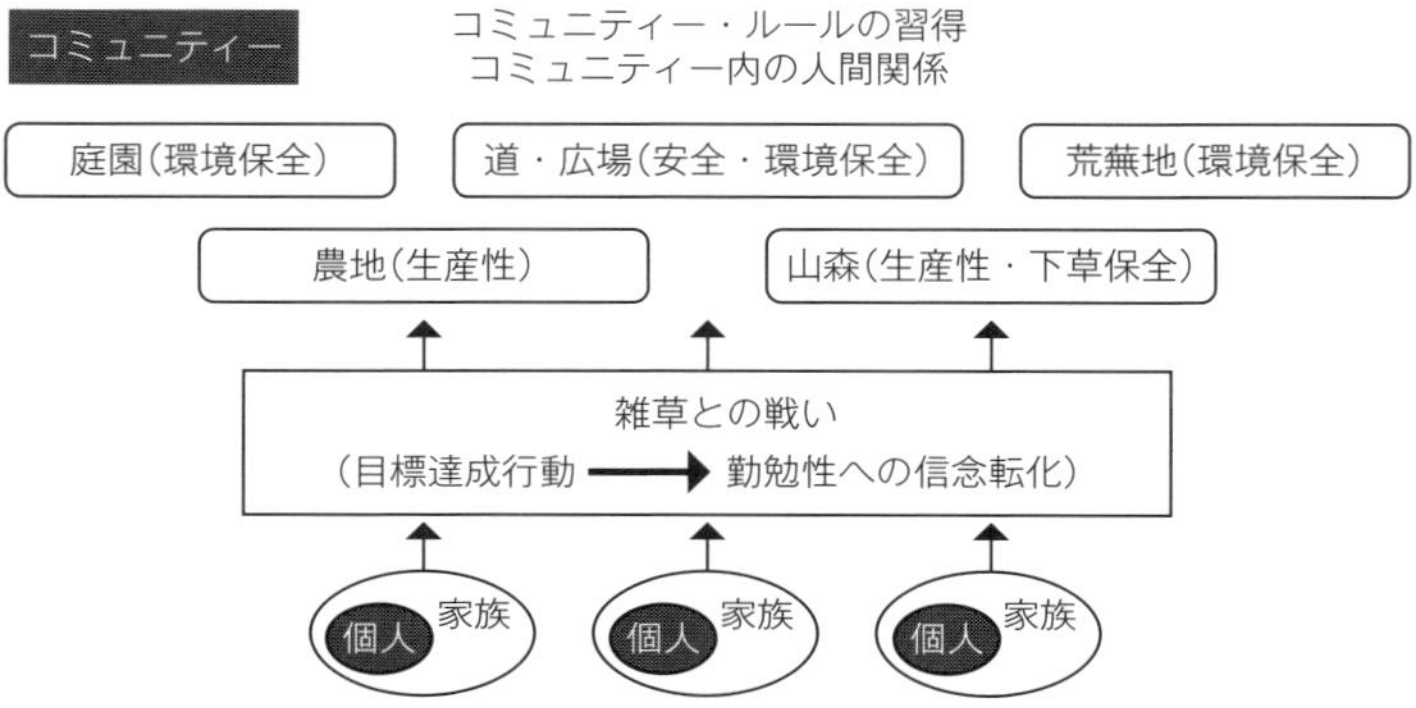

図２－３　日本人の勤勉性を説明する基盤モデル

き、苗代で稲の苗を育てていたのである。苗が成長すると、今度はコミュニティーがいっせいに水田に田植えをする。そして夏も終わり秋になる頃には、稲刈りをして収穫を済ませていた。

農作地域をとると、河川や水路の手入れや運用、苗代や水田の日常的な管理や運営、どこをとっても不断に整備を怠ることはできなかった。稲と競合するさまざまな野草がいたるところにはびこってしまうからである。終始一貫して草はもっとも油断のできない、手ごわい競争相手であった。

昭和二十年代を例にとると、苗代で稲を育てるのは、発芽して苗になるまでである。いわば幼年期の弱い苗を、雑草に負けないくらいまでに、成育させる支援の知恵なのである。田植えとは、たとえていえば、雑草に負けないほどに育った青年期の強い苗を、今度は本格的に成長させるために水田に植えかえることなのである。もちろん、その後も、毎日、水田を見回っては、草取りや病害虫を駆除するなど、成長を支援しつづけなければならない。コミュニティーが時期を決めていっせいに草取りをする慣習などは、いわば雑草への共同戦線であった。

和辻哲郎の言葉を使えば、「戦いを怠ることはほとんど農業労働の放擲に等しい」ということになるのである。戦いに負ければ生きてはいけない。

畑で野菜を育てるには稲作とは違い水を張ることはない。早春から晩秋まで、一年中高温多湿のわが国の気象条件では、野菜も雑草もみるみるうちに畑で成長していく。野菜は普通、種をまくと幼いうちから雑草と共に育つのである。野菜が野草に負けないためには、農家の人々は毎日、畑をよく見回って、草の芽を早いうちに摘み取る以外に手はない。草の根が張らないうちに退治する。これが肝心で、成長した雑草は根が深くて手に負えないのである。まことに根気のいるのが畑仕事なのである。この列島で水田や畑が巨大化しないのは、稠密な人口や国土の狭さも一因にはあるが、もう一つには雑草とのたえざる戦いという別の背景もあったものと推察される。

図２－４　畑の草取り

田畑を離れて、今度は美しい庭園の保全・管理も同じことである。美の象徴ともいえる日本庭園は、小山を築いたり、きちっと刈りこまれた樹木の間に泉を流したり、さらには苔の生えた岩や小石などを配置したり、見学に訪れる人々には、非常に大きな感動を与えている。しかしながら、その背後にあってみえない環境保全や維持のための庭の手入れは、並大抵では済まない。特に草木の成長が著しい春先から秋にかけて、庭園管理者の目を離せないのが樹木や野草との不断の戦いであった。

草の種子は簡単に風にのって広がっていくし、鳥をはじめいろいろな小動物もたえず種子を運んでくる。こうして雑草はところかまわずに繁茂しはじめる。それを見逃すと少しでも土のある所はたちどころに野草原にかわってしまう。雑草とはそれほどにたくましく、また驚くほどの持久力、生命力に満ちた存在なのである。だから雑草と呼ばれているのだが、校訓によくある「雑草のごとくたくましく育て」ほど、そのことを明白に物語っている言葉はない。

目を山林に転ずると、生産性をあげるには、今度は逆に適度に下草を成長させて、土壌を保全することが基本になる。刈った下草は樹木の肥料とするため、まとめて堆肥処理している。下草が根を張って土壌の流出を防いだり、山肌が崩壊することのないように、しばしば下草作業をしている。そのために、樹木をほどよく間伐して樹林に光をいれ、下草も適度に育つように保つのである。

後は説明を要しないだろう。

雑草は田畑に限らない。小道や昔はコミュニティー広場であった広い寺社の境内も、目を離すとたちどころに野草がはびこっていた。近隣の住民は交代で草刈りに出ては清掃していた。特に畦道は田畑に隣接しているので、雑草の繁茂には特に目を光らせなければならない。

さしずめ現代なら、公共空間である公園、庭園、道路、堤防では、市町村や都道府県の担当部局が定期的に除草作業に乗り出している。環境保全部、清掃事業部、環境政策課などが所掌している。彼らの行っている大掛かりな草刈り活動とは、ガソリン・エンジンつきのカッターで、何人もの作業員が雑草を切り落としていく。しかしながら、熱心な仕事もつかの間で、二〜三週間もしないうちに元の木阿弥になっていく。これが日本列島の実態、現実なのである。

頭におきたいのは、農業の生産性をあげるとは表の一面、その裏側には手を抜くことのできない雑草対策が潜んでいることである。施肥をして農産物の生産性をあげようと目論んだとしよう。肥料は農作物にも効くが、雑草の成長にも実に効果的に効いてくれる。雑草とのかかわりは日本列島における生活の根幹のテーマであった。

この列島に住みはじめた人々は、つい半世紀前までは、ときをおくことなく、こうして野草とのかかわりに終始してきた。各自がもくもくと雑草退治に役目をはたす。その中でコミュニティーの協働作業も大きな意味を有していたであろう。近隣の人々と共に、日々、雑草を駆除するという目標を共有して暮らした生き方、習慣の中から自然に獲得したのが、「目標を達成するために、手を抜かずにまじめに働く」という生活様式、すなわち、勤勉な生き方そのものなのである。繰り返せば、有史以来の長い長い野草との日常的な対決が、列島の人々の勤勉性をその基盤において育てたと仮定することは、きわめて現実的、合理的ではないだろうか。

7　知恵・ノウハウ

人々はその体験の中から、農作業を容易にし、雑草との戦いに負けないような工夫、ノウハウ、叡智を次々に創造し、育成してきたのである。先に触れた苗代方式では、種もみをたえず目が行き届き、世話のできる苗田にまいて、苗になるまで密植栽培している。

近年では、発芽を促し、鳥や害虫から守るために、ビニールハウスを利用することも多い。種もみをまいて育てる苗田とは、揺り籠や幼稚園・保育園にたとえられる。競争相手の雑草を押しのけて、自力成長できるまでになれば、山間地や寒冷地などの厳しい生育環境下においても、自立して成長できるのである。種もみから手をかけて育てる苗代方式は東南アジア、東アジアでは一般的になっている。

苗代方式のもう一つの利点は、田植えをする前に、徹底的に水田の雑草を除去し、管理できることだろう。耕して土を深く被せたり、水を張って腐らせたり、いろいろ試みられている。こうして稲と雑草との成長の差別化を徹底的に計っていた。

雑草対処へのもう一つの知恵は、協働による定期的な除草作業であった。

コミュニティーが一体となって、田植えの後の第一次草取り、第二次草取り、第三次草取りを一緒に行っていた。いっせいに地域が雑草に対処する利点は、草の種子が近隣の田畑に拡散することを防ぐことである。草取りのこの方式は一番草、二番草、三番草と名づけられ、コミュニティーの大切な基幹行事の一つになっていた。

田植えをした後も水田から目を離すことはできない。

一斉の除草作業のほかには、水田にしっかりと水を張って、アイガモやアヒル、鯉などを飼う農法も一部では行われている。アイガモ農法では、アイガモが水田の中を泳ぎ回ることによって、土や水が撹拌されて、養分が稲に十分行きわたり、雑草や害虫を餌として食べることから、農薬の散布を減らすことにもつながり、現代では無農薬農法の一種として積極的に取り組んでいる農家もある。

同様な発想としては、アイガモではなく、アヒルや鯉を使う農法も知られている。鯉農法では、田植え後、すぐに水を張って、鯉を入れて泳がせる。鯉は雑草や害虫をよく食べるのである。アイガモ同様、たえず動き回るために、水や土が撹拌されて、稲の根に酸素や栄養分が行きわたる。アイガモより手のかからない鯉が優れている、という人たちもある。とはいえ、水田の水かれや温水化などには注意しないと、鯉が死んでしまうことも起きている。

歴史的にみると、この日本列島において農作業を助けたのは、当初は木製の農機具であった。それが次第に銅製になり、さらには古墳時代になると鉄が入ってきて、鉄製農機具が広く採用されるようになった。こうして鉄製の鋤や鍬、鎌などの道具が地域の鍛冶屋で作られると、機具の強度は飛躍的に増して、農作業の効率は一段と向上していった。実際、昭和20年代も田舎の鍛冶屋は、農機具の修理に活躍していた。鉄製農機具の登場は、田植えや除草作業の効率化に大きく寄与したにとどまらない。いたるところの開墾が進められて、農業規模は拡大し、ひいては荘園が成立する契機になった、と捉えられている。

現代に目を向けると、除草対策で活躍しているのが、雑草だけに作用する除草剤である。戦後になってはじめてわが国で使われたのが、アメリカで開発された２－４Ｄという名前の有名な薬品であった。日本の農家なら誰もが知っている除草剤である。

稲には直接に作用せず、広葉植物のみを枯らすために、効能の選択性が高いとして、田植えの後の水田に広く散布されてきた。その後になって、人間への毒性を指摘する声もあり、一時ほどではなくなっている。もう一つよく知られているのは、どんな植物にも作用する非選択性の除草剤、ラウンドアップ（商品名）である。これは葉や茎から薬剤が吸収されると、植物を枯らして、どの植物にも効能を示している。アメリカの企業は、ラウンドアップに耐性を持つ新作物を遺伝子組みかえ操作によって新たに開発している。

ラウンドアップ・レディーと称される作物である。大豆、トウモロコシ、ジャガイモ、菜種などが代表で、アメリカではこの除草剤とペアで、穀物種子として広く販売されるようになった。とはいえ、除草剤に耐性のある遺伝子組みかえ作物にはまだまだ留意すべき余地が残されている。

上記でみたように、雑草と人間との戦いには、さまざまな知恵と工夫が集約されてきたのである。つまるところ、この列島に暮らす住民にとって、有史以来、草への対処は生活の根幹部分であった。しかしながら現代では、農作業者をのぞけば、裏にあってみえない雑草とのかかわりについて、その本質的意味を認識するにいたっていないと断言できるだろう。

8　目標達成行動

生き抜くために雑草と戦った列島の人々の日常は、現代の表現をつかえば、「目標達成行動」に従事していた、ということになる。あてのない漠然とした活動をしていたのではない。どこの田畑でいつまでに、どのように雑草と戦うのか、その過程はしっかりと捉えられていた、ということである。それを欠いては暮らしていけないだろう。

現代の目標達成行動の表現を使えば、「計画（plan）－遂行（do）－評価（see）」というP－D－Sサイクルの基本原理が、すでに雑草との戦いの中で完全に習得されていた、ということなのである。本章のはじめに触れたベンジャミン・フランクリンの合理的思考様式などは、人々のこうした普段の暮らしの中において、自然に体得されていったものと考えられる。

雑草との対峙を目標達成行動として押さえると、いっきに現代にまでつながるであろう。

今日の社会では、第二次産業、第三次産業、どの職場に勤めたとしても、人々の働き方は、基本的に目標達成行動として位置づけられている。われわれが仕事で頼っているP－D－Sサイクルは、実際は、はるか昔に列島で勤勉に暮らした人々の目標達成行動と異なるところはない、ということなのである。すなわち、目標達成行動を媒介として、自覚しないうちに、現代社会と密接につながっていたのが雑草と対峙した昔の人々であった。

大地に根差した雑草相手の勤勉な生き方は、そこにとどまらず、さらに大きく発展していったであろう。すなわち、目標達成行動を重ねていくうちに、先の項で紹介したように、まずは除草のためのさまざまな知恵、ノウハウが次第に蓄積されていったのである。しかしながら、目前の雑草を処理する現場密着の知恵、ノウハウに傾注している間にも、それさえもこえる、より一般的、普遍的な高次の叡智さえも引き出すようになっていった。

それを可能にしたのが、大きな脳を有する人間に固有の高次な認識活動、「メタ認知（meta-cognition）」なのである。こうしてメタ認知が働きはじめると、土地に密着した目標達成行動のP－D－Sサイクルは、次第に大地から離陸しはじめて、図２－３に示したように、一生懸命に働くとは何か、という普遍的な勤勉性への信念転化を生み出すようになっていった。

詳しい説明は第４章に譲るとして、要点を述べれば、目前の雑草を効果的に処理する仕事をモニターしているうちに、一生懸命に働くこと、勤勉に生きるとは何か、いかなる意味をもつのか、という広い問題意識が「メタ認知」によって発生し、機能しはじめるようになったのである。雑草との戦いは根底にはあるが、もはやそれにとどまらず、人間の働き方、生き方全般にまでも拡大した抽象的認識、普遍的なものの見方・考え方、信念とでもいえるようなものだろう。人間に特有の高次なメタ認知活動が基盤モデルの上に新しい叡智をつけ加えたのであった。

9　習得の機制

列島で暮らした人々は、雑草との戦いを通じて、どのように勤勉性を培ったのだろうか。一生懸命に努力する行動様式を習得していく機制、メカニズムを理解することは決して困難ではない。

この日本列島では、早春から晩秋まで一年の三分の二近くを、農作物と競合する野草を退治しなければならない。草と戦うという達成行動の目標はあまりにも明白なのである。そして、雑草を駆除した効果も同様であろう。すなわち、除草すればどうなるか、しなければどうなるか、という行動の成果認識、KR(knowledge of result)は、誰の目にも、たちどころにわかるのである。

別の言葉でいえば、何かの行動をしたとき、その成果について、すぐにフィードバックされるのが、雑草との戦いであった。しっかり草を取れば、農作物はたちどころに元気になって収量はあがるし、逆に手を抜けばすぐに減収したのである。除草活動の意味を納得できない人はいない。この列島で生きた人々にとって、勤勉に働く意義をマスターすることは、決してむずかしい課題、テーマではなかった、ということである。

成果認識、KRがすぐに得られる活動は、誰にとっても身につきやすいものなのである。逆からいうと、結果がどうなったのか、フィードバックの得られない活動ほど習得のむずかしいものはない。心理学の多くの実験研究が、そのことをすでに実証してきている。

この世の中のさまざまな職務、作業を眺めると、成果認識、KR、すなわち、結果についてのフィードバックを得るのが困難な仕事の方が、実際は圧倒的に多いのではないだろうか。こうしたケースでは、職務の意味、価値を見出すことは、誰にとってもたいへんむずかしいものなのである。この現実はしっかり頭の中にとどめておかなければならない。

もう一つの重要な機制とは、自己効力感（self-efficacy）という動機づけ、意欲の働きが関与することである。何かの活動をして結果が現われたとしよう。自己効力感とは自分の働きかけによって、よい結果が出たと意識したときに起きる内面の充実感、満足感なのである。平たくいえば、やった～という感覚である。広くとれば、自己存在感といいかえてもよいだろう。この感覚が内面に芽生えた活動は、意義を感じやすいし、簡単に習得されていく。雑草との戦いは、誰にとっても、容易に自己効力感を生みやすい達成行動であった。

雑草と対決するという目標達成行動は決して複雑で、むずかしい行動ではない。すると、怠けて雑草と対峙しない、手を抜く意味についても、列島の人々は簡単に理解したのである。怠惰に暮らすメタ認知も発達して、怠け者には非常に厳しい社会的風土、土壌が生み出されていったものと考えられる。

最後に協働という機制も忘れてはならない。コミュニティーが一緒に行う雑草との戦いは、ノウハウや知恵の交換にとどまらず、協働して目標達成行動をする過程で、メンバーの間に強い一体感、連帯感を醸成したであろう。コミュニティーの社会心理が機能して、勤勉性という資質、価値を社会全般が共有し、強化することを促進したのである。他者への思いやり、共感、気遣いなどの資質の伸張と関係して、専門家の間で集団主義（collectivism）と呼ばれる特性をも形成したのであった。

10　現実主義

ピューリタンの勤勉性の特徴は、先に述べたように、宗教的信念、禁欲的倫理と深く結びついていた。対して、雑草との対決で生まれた日本人の勤勉性には、どんな傾向があるのだろうか。簡単に推察できるように、列島の人々が培った勤勉性の第一の特徴とは、「現実主義」、「リアリズム」である。

勤勉な働きの中にみえる現実主義は二つの観点から分析することができる。時間軸からみると、取り組むべき問題は現在か将来かということになる。

この日本列島では、春先から秋の終わりまで9ヵ月あまり、雑草はたくましく成長しつづけている。その戦いでは、一週間も手をこまねいていたら、深く根が張っていって、退治するための苦労は並大抵では終わらない。悩ましい問題は目前にあり、ただちに対処していたのである。気がついたら即刻に取り組んでいた。したがって、除草に秘められた現実主義とは、遠い将来のことではない、「今日～明日」、「ここ～あそこ」の目先の問題なのである。遠い将来、はるかの未来は想像の外ではなかったろうか。海外にみられる広大な田畑は念頭になかったであろう。

第二にこうした現実主義の目立った特徴とは、対象が具体的か観念的かということである。人々が手を焼いた雑草とは、まさしく目に見える具体物であり、抽象的、観念的な信念、言葉や概念ではまったくない。抽象的で観念的な対象とは、すでにみたように、ピューリタンが心の中に抱いた禁欲的倫理がその典型であった。抽象的倫理に価値があるというのではないが、雑草という具体的対象とのかかわりが即物的発想を促した、ということもあるかもしれない。

現実主義をこうみると、それを土台にして、興味深い推理、文化論もできるだろう。たとえば、われわれの現実的なものの見方・考え方と共通性がみられるのはベンジャミン・フランクリンであった。彼の『自伝』が明治の時代、素直に受容された背景には、彼のプラグマティズムと日本人の現実主義の間に深い近親性があったのだろう。

そして、「今日〜明日」、「ここ〜あそこ」という現実主義は、ご利益はあの世ではなく、この世でこそ意味があると力説する「現世利益」にも通じるであろう。現代社会においても、さまざまな事例が思いあたる。商売繁盛、家内安全、交通安全を願ってまいる各地の稲荷信仰、毎年、神社で行われる豊作祈願や大漁祈願、そして庶民が無病息災を祈る「薬師如来信仰」など、コミュニティーには現世利益のよい例でいっぱいである。

興味深いのは今にはじまったことではないことだろう。

三橋正著『平安時代の信仰と宗教儀礼』（２０００）によれば、平安時代、藤原一族の藤原実資は、娘の病気の平癒を願って、薬師如来像や如意輪観音像を寺に奉願している。日本人の現実主義には、相当に長い歴史の裏づけがあることを示している。

想像を大胆に押し進めると、せっかちで、ものを待てない性格は、「今日〜明日」、「ここ〜あそこ」にこだわる現実主義と深くつながっているかもしれない。目前の困難はすぐに片づけて、緊張から解放されたいのである。いらいらする、あくせくする、性急である、待つことができない、緊張の持続に耐えられない、などの性格特徴には思いあたるだろう。

すると、長期間の緊張、心の不安定に耐えられないと、すぐには答えのみえない非常に複雑で、大きな問題の解決には不向きにならないのだろうか。たとえば、多くの国際的な賞の受賞学者たちが体験している長期の試行錯誤を引くまでもなく、簡単にはとけない問題解決には、忍耐が大前提になるだろう。また大きな夢や未来を創造する力などは、せっかちや性急さとは反対の極になる。としたら、待つことの苦手な現実主義者の資質には、問題も秘められている。

11 協働志向

日本人の勤勉性は、力をあわせて雑草と戦い、収穫をあげるコミュニティーの活動が培ってきた。その中で、仕事のゴールを共有し、目標を達成するために共に働く「協働志向」が根づいたのであった。この列島の人々の勤勉性は協働とは裏表一体をなしていた。

日本人の協働的活動は、従来は西欧の個人主義（individualism）に対して、アジア、とりわけ、日本の特徴として「集団主義（collectivism）」という名称の下に理解することが一般的であった。集団主義は日本文化を論じる人たちの間では鍵概念であった。

集団とは複数の人々が集まった場、状態、事態を示す言葉であろう。ということは、集団は実態概念なのである。対して、共通の目標を達成するために、人々が集まって相談し、各自が役目をはたす。これを協働と定義すると、協働とは実態概念ではなく、機能概念になる。人々の働きを知るためには機能を分析することが不可欠なのである。

機能概念として協働を捉えると、基盤モデルにおける日本人の勤勉性には何がみえるのだろうか。コミュニティーの人々の協働は、共通の目標の計画、設定からはじまって、ゴールを達成するために活動し、そして結果を評価するまでの一連の過程になる。雑草退治という目標達成行動は今にはじまったことではない。除草という目標の設定、計画は、コミュニティーの長い習慣や伝統の知恵の上になされる。協働のこの段階に、地域の中でどのような力が働いていたのか、捉えることが重要になる。ちなみに、体験の豊かな年長者や、過去の伝統や慣習、ノウハウに詳しい人たちは、どんな働きをして影響を与えたのか。

実行段階の除草現場に入ると、影響力はまた別になる。活力のある人たち、実力のある人々が力を発揮したものと考えられる。すると、この現場から将来の変化への提案も生まれるのである。

最後に全体の活動はどのように検証され、まとめられたのか。経験や知恵のあるコミュニティーのメンバーの役割になるだろう。こう眺めると、雑草退治という勤勉な協働の中では、共に働くという意味をこえて、年齢や経験の異なるさまざまな人たちの交流、すなわち、叡智やノウハウの交換が頻繁になされていたものと推察される。雑草との戦いはメンバーが交わる達成行動の一つではあるが、それを基礎にして、コミュニティーの人的資源交流の大きな契機につながっていたであろう。

特に指摘したいのは、勤勉性を促した協働の中から、自分とは異なった見方・考え方と、どのように折りあいをつけるかも学んだに違いないということだろう。つまり、「調和志向」という特性の伸張である。

収穫物を得るためには土地は基盤であったし、雑草との戦いもそこに原点があったのである。そして、土地から離れて流浪すると、生きることさえ明らかに脅かされたであろう。土地を簡単には離れられないとしたら、歩み寄り、調和することは、生きるための基本的な知恵であった。こうした協働を背景にした勤勉性には、筋や信念に固執せず、異なる意見と折りあいをつけ、お互いに譲りあう「調和志向」が芽生えていって当然ではないだろうか。現代の言葉では、原理主義からの決別である。

反対に、広大な原野が広がり、牛や羊、馬を追って暮らしてきた人たちには、土地への執着などは思いもよらない。自らの判断だけが頼りになったのである。としたら反対に、自分の信念、見方・考え方に素直に従う「自立志向」が強化されても不思議ではない。

お互いが顔見知りの近隣、近しいかかわりの村社会、土地に密着したコミュニティーを背景に形成される「協働志向」の勤勉性を考えてみると、そこには小社会に暮らす人々の人間関係や、その中で決められる約束、規則、ルールなどとの深いつながりが現われてくる。

具体的にいえば、村内の公共広場の草取り、田植えや水田の草取りの期日や方法、農作業機具の共同購入や利用の取り決めは、コミュニティーやその中の小単位である郷、島のさまざまな約束、取り決めと密接な関係がある。コミュニティーの人々の勤勉性が、こうした有形、無形の取り決め、約束、ルールの習得や遂行と深い結びつきのあったことは必然的だろう。逆にいえば、「村八分」という言葉があるように、勤勉でない人たちには暮らしにくいコミュニティーになっていたのである。

現代日本社会における人と人とのかかわりについて、浜口恵俊が『間人主義の社会日本』（１９８２）の中で説いた発想、木村敏が『人と人との間 ―― 精神病理学的日本論』（１９７２）の中で提出した見方・考え方は、日本人の特質を理解する上で大きく貢献している。としたら、日本人の勤勉な生き方やその形成過程とどのようにつながっているかも大切なテーマになっている。

12　土着思想

基盤モデルで培われた人々の勤勉性とは、一般的にいえば、時の貴族や豪族、将軍、大名、領主、地頭、荘園主などの指示、命令、指導によって育ったものだろうか。この問いには農作物の収穫をあげるために、大地と密着して日々を過ごし、雑草と戦った現実をみれば明らかになる。

一口にいえば、日本列島の人々が培った勤勉性とは、その本質からみて、「土着思想」であると断定できる。暮らしのための農作業という地道な仕事の中から、庶民が創りあげた日常の思想なのである。もちろん、後でみるように、それを哲学に昇華し、宗旨にまとめて論旨明快に説いた人たちはいたであろう。とはいえ、勤勉性の芽は、人々が耕している大地の上から生まれ育ってきたものなのである。

異論もあるだろう。荘園を開拓したのは、権力があり、資金の豊かな大名、領主、地頭、荘園主ではなかったろうか。彼らが借地人に対して、勤勉な労働を強制したのではないか、というのである。確かにそのようにみえるだろう。

しかしながら、忘れてならないのが雑草である。新たに土地を開墾して、きれいに整地した耕地も、1～2ヵ月もそのままに放置して、手を入れなかったらどうなるだろうか。いっぺんに元の木阿弥、荒蕪地と化してしまうのであった。野草と対峙するためには、毎日多くの人の手を借りなければ、何事もなしえなかったのが地域の権力者たちであった。

ここに温暖湿潤の日本列島の本質がある。開墾した土地は常に手を加えて、丁寧に世話をしなければならない。耕地は毎日怠りなく野草を処理してはじめて生産力を持つのである。収穫をあげる人たちの主体的な関与、勤勉さを前提として成り立っているのが、この列島の農作業であった。雑草との戦いという現実は、上から下への一方向の権力行使にとどまらず、列島における権力者、指導者、リーダーと庶民とのかかわり、あり方に対して、大きな影響力を持っていたといえる。

統計数理研究所の「日本人の国民性調査」が示したように、勤勉性という資質は、調査のはじまった半世紀以上も前から、一貫して一番高く評価されてきている。土着思想というと、宗教行事、慣習などを想像するかもしれない。しかしながら、勤勉性ほど多くの人々がなれ親しみ、深く身についた思想は他に何があるのだろうか。

前世紀の70年代から、日本人の勤勉性はいまや世界に向けて拡大している。過去半世紀あまり、国際化、グローバリゼイション、資本や財の世界的な動きなどに人々の目は注がれてきた。第5章で述べるように、日本人の勤勉性は世界の人々の注目を浴びてきている。よく耳にするのは、海外で一生懸命に働いている人々が、現地の人たちから尊敬の眼でみられていることである。意識することはないだろうが、一生懸命に働く勤勉性を、彼らは自然な形で地域の人々に伝えていたのであった。それに触れた諸外国の人々が、日本人のまじめさ、勤勉さに素直に感動していたのである。雑草と戦う基盤モデルではじまった日本人の根幹にある勤勉性は、いまや列島庶民の土着思想から、世界の普遍的な思想にまで発展する可能性をも秘めている。

第3章　温帯日本の自然 ―― 勤勉性の土壌

1　和辻哲郎の驚き ―― 昭和二年

和辻哲郎著『風土 ―― 人間学的考察』（初版1935、改版1979）は今日もよく知られた書物であるが、著書としては『古寺巡礼』（1919、改訂版1947）の方がむしろ有名なのかもしれない。彼は昭和2年にドイツ留学して、京都帝国大学農学部の大槻教授とともに、地中海を経てヨーロッパへ旅行していたのである。その時、大槻教授と交わした会話が、その後の彼のあり方に大きな影響を与えたのであった。著書の中には、エピソードとして次のような一文が書き残されている。

「羊は岩山の上でも岩間の牧草を食うことができる。このような山の感じは自分には全然新しいものであった。この時に大槻教授は『ヨーロッパには雑草はない』という驚くべき事実を教えてくれたのである。それは自分にはほとんど啓示に近いものであった。自分はそこからヨーロッパ的風土の特性をつかみはじ

めたのである。」（76頁）

ヨーロッパ各地を訪問する間、終始、雑草とそれに関係するテーマについて強い関心を抱きながら、鋭い自然観察をつづけ、調べてきたのであった。彼にとって雑草とは、ヨーロッパと日本とを比較理解するための核心的な手がかりの一つになった。それを理解するために、少し長いが以下に引用する。

「夏の乾燥 ― ここで我々は牧歌的なるものに出逢うのである。ヨーロッパには雑草がない。それは夏が乾燥期だということにほかならぬ。雑草とは家畜にとって栄養価のない、しかも繁殖力のきわめて旺盛な、従って牧草を駆逐する力を持った、種々の草の総称である。（中略）しかるに夏の乾燥はちょうど必要な時にこの湿気を与えない。従って、雑草は芽生えることができない。（中略）

イタリアのように太陽の光の豊かなところで夏草が茂らない。それは全く不思議のようである。しかし事実はまさにその通りなのである。そのよき例はマレンメン（Marremen）であろう。（中略）

このように捨てられた土地は、日本でならばどうにも手のつけようのない荒地に化してしまうのである。しかるに、これらの広い平野、湿地及び丘陵地は、決して雑草に占領せられてはいないのである。もちろん雑草が全然ないというのではない。細い、弱々しい姿の雑草が、きわめてまばらに生い育ってはいる。しかし、それらは柔らかな冬草を駆逐し得るほどに旺盛でもなく、またこの土地から牧場らしい面影を抹殺し去るほどに繁殖してもいない。十月から四、五月までの間は、これらの土地も羊の放牧地として立派に役立つのである。

「言いかえれば、人力を加えない捨てられた土地でさえも、ここでは『牧場』である。かくのごとく夏の乾燥は夏草を生育せしめない。草は主として冬草であり牧草である。ヨーロッパ大陸の夏の野を覆うものはかかる柔らかな冬草である。」（85～86頁）

和辻哲郎は土地に生える野草に目を注ぎながら、ヨーロッパの夏は乾燥期にあたること、湿気がまったくないために夏草の生い茂る余地はなく、冬の雨季に入ってはじめて、湿潤な気候が支配的になって、冬草の成長が促進され、岩山までもが牧草地にかわって、牧畜業に適した土地になっていく、と鋭い観察をしている。

対してわが国は、春から秋にかけて暑熱と湿気に支配され、あらゆるところが雑草によって占拠されて、ほっておくと荒蕪地と化してしまう、と述べている。彼の鋭い観察眼と分析力は、わが国とヨーロッパの特に風土の違いを、気候や雑草というリアリズムから押さえているところに大きな特徴があり、それが説得力になっていた。しかしながら、彼の風土論に対するわが国における反応はまったく異なっていた。

和辻が晩年に生きた1950年代は、日本社会は進歩主義思想の全盛期であって、風土が人間形成に影響を与える、というものの見方・考え方は、環境決定論であると、まげて解釈されたのであった。当時はマルクス主義の唯物史観が脚光を浴びた時代であり、社会科学者を捉えて離さなかったのである。社会変動を云々するいわゆる大理論こそが本当の社会科学である、という錯覚が、多くの人々を支配していた。

身近な世界から出発した風土論などは、甘い見方として受けとめられていたのだろう。要するに、西洋起源の抽象的概念、イデオロギーにわが国の学者の多くが虜になっていたのであった。そのために、彼の独創的な発想を理解できる土壌は、当時の日本にほとんど存在していなかった。

いまやソヴィエトが崩壊して20年あまり、イデオロギーに囚われた時代、社会が彼方に消えていく運命にある中で、検証可能なリアリティー・テスティングできるものの見方・考え方、すなわち、大理論ではなく「中範囲理論」の創造にこそ、人々の情熱、志向が向かっている。その意味では、およそ一世紀前に語られた和辻哲郎の雑草論は、当時としては受け入れられることはなかったが、リアリズムに基づいた発想として非常に高く評価できるのではないだろうか。

2　ヨーロッパ ── 気候

雑草とヨーロッパの風土の関係を考えるとき、気候条件の分析は第一歩だろう。すでに和辻哲郎は夏の乾燥と冬の湿潤の二つを指摘していたのであった。もう一つ加えるべきものは「熱帯とのかかわり」である。すなわち、ヨーロッパに押し寄せる「海流」の影響を調べることだろう。大西洋の海流の動きについては取りあげられていない重要なテーマなので、後で詳細に分析しよう。

この二つの条件がヨーロッパの風土に決定的な影響を与えているために、大槻教授から示唆された「ヨーロッパには雑草はない」という和辻の強い印象が生まれたのである。

日本の代表としては、少し北ではあるが首都の東京を比較対象にして、ヨーロッパの代表としては、仮にロンドン、パリ、ローマ、マドリードの四大都市を考えるとしよう。どこをサンプルとするかは、それ自体さまざまな議論はあろうが、まずは比較可能な気象データを手に入れることがポイントになる。

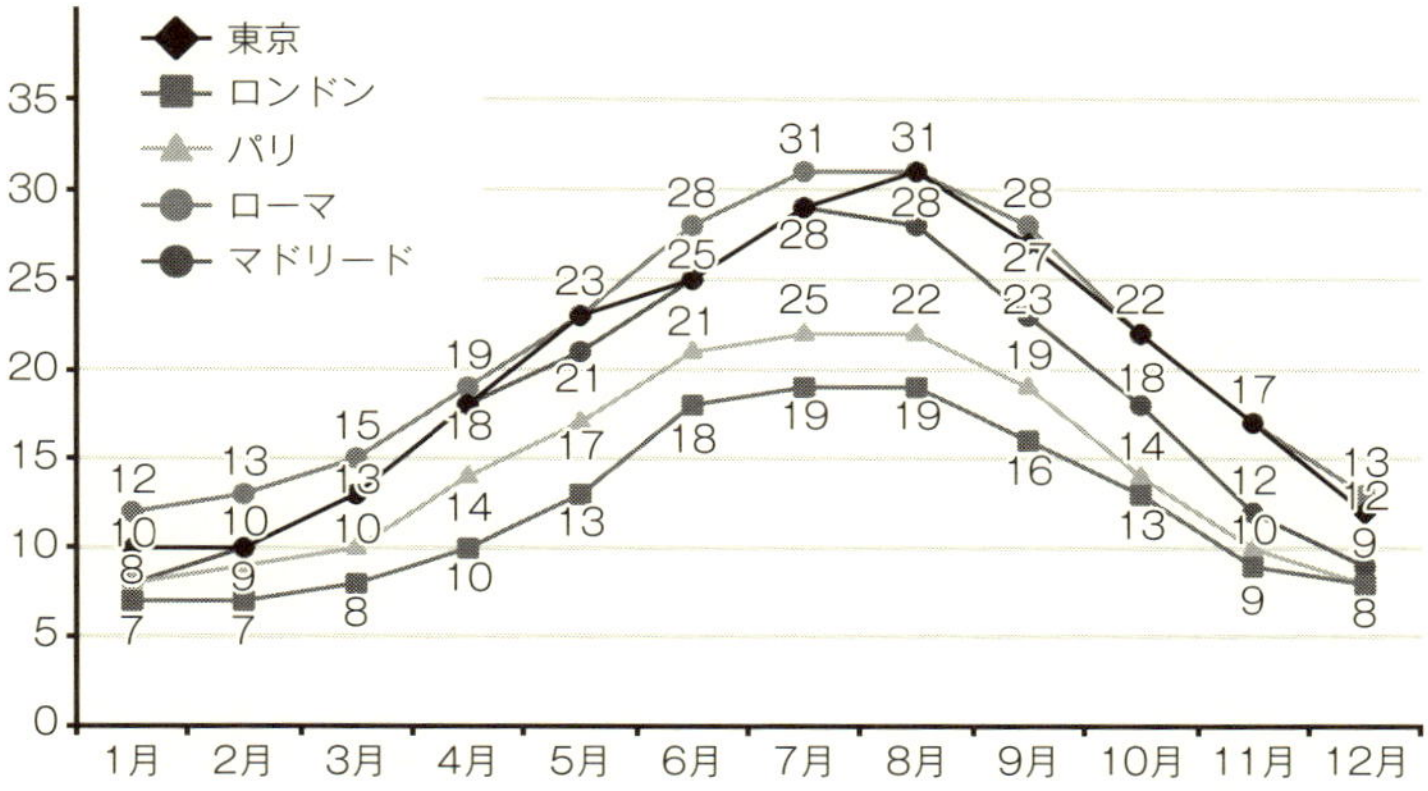

図３－１　東京とヨーロッパ四大都市の最高気温変化（単位摂氏）
（Travelers Cafe World Gallery の HP データより作図）

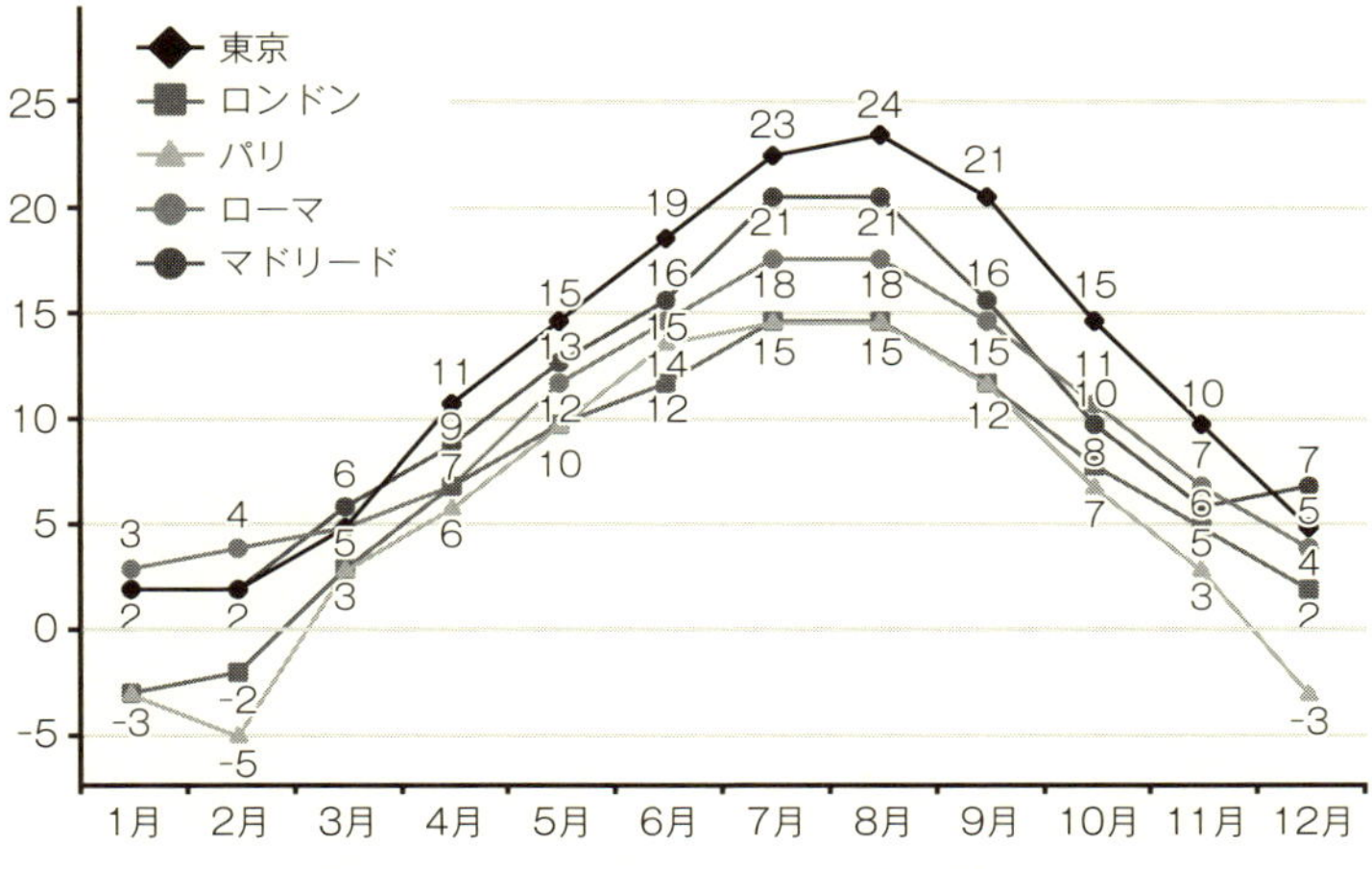

図３－２　東京とヨーロッパ四大都市の最低気温変化（単位摂氏）
（Travelers Cafe World Gallery の HP データより作図）

図3－1は月ごとの最高気温の変化を摂氏で示した。図3－2は同様に最低気温の変化を月ごとに示している。そして図3－3は、同じくヨーロッパ四大都市の年間降雨量を月ごとに示したものである。

最高気温も最低気温も年間を通じて、一貫して一番高いのが、相対的にみると、東京になるのは明らかであった。ローマ、マドリードは東京に次ぐ高さではあるが、逆にパリ、ロンドンとなると、年間にわたって一番低くなっている。粗っぽくいうと、東京の夏の気温は、特にパリ、ロンドンと比べて10度あまりも高いということになる。またローマ、マドリードは、4月以降8月までは最高気温は東京とほとんどかわらないが、特にマドリードは、8月以降になると、数度は下がるようになる。

最低気温も、4月以降11月までは一貫して東京が一番高い。4月から11月までは大きく10度をこえる。7、8月のマドリードをのぞけば、他の三都市は最低気温が20度を下回っている。特にパリ、ロンドンは7、8月も15度に過ぎない。まして4、5月、10、11月は、10度にとどまっている。

気温の高さは植物の生育を早めるきわめて重要な要件であろう。この条件がヨーロッパ大陸は日本では北よりにある東京ほどでもないことが、この一つをみても明白にわかる。

今度は図3－3を眺めてみる。東京がヨーロッパ並みの降雨量になるのは、11、12、1、2月の冬の四ヵ月にとどまる。それ以外は圧倒的な降雨量である。東京と比べるとヨーロッパ大陸は、びっくりするほどの乾燥気候であることが浮き彫りになる。日本の三分の一、四分の一程度も雨が降らないのがヨーロッパ大陸である。植物の生育を左右する決定的条件が十分に満たされていない。

データをみると、年間を通じて一貫して雨の降らないのが、パリ、ロンドン、マドリードであり、ローマも雨は非常に少ないが、アップダウンがあって、10月は123ミリ、11月は121ミリと、秋後半から

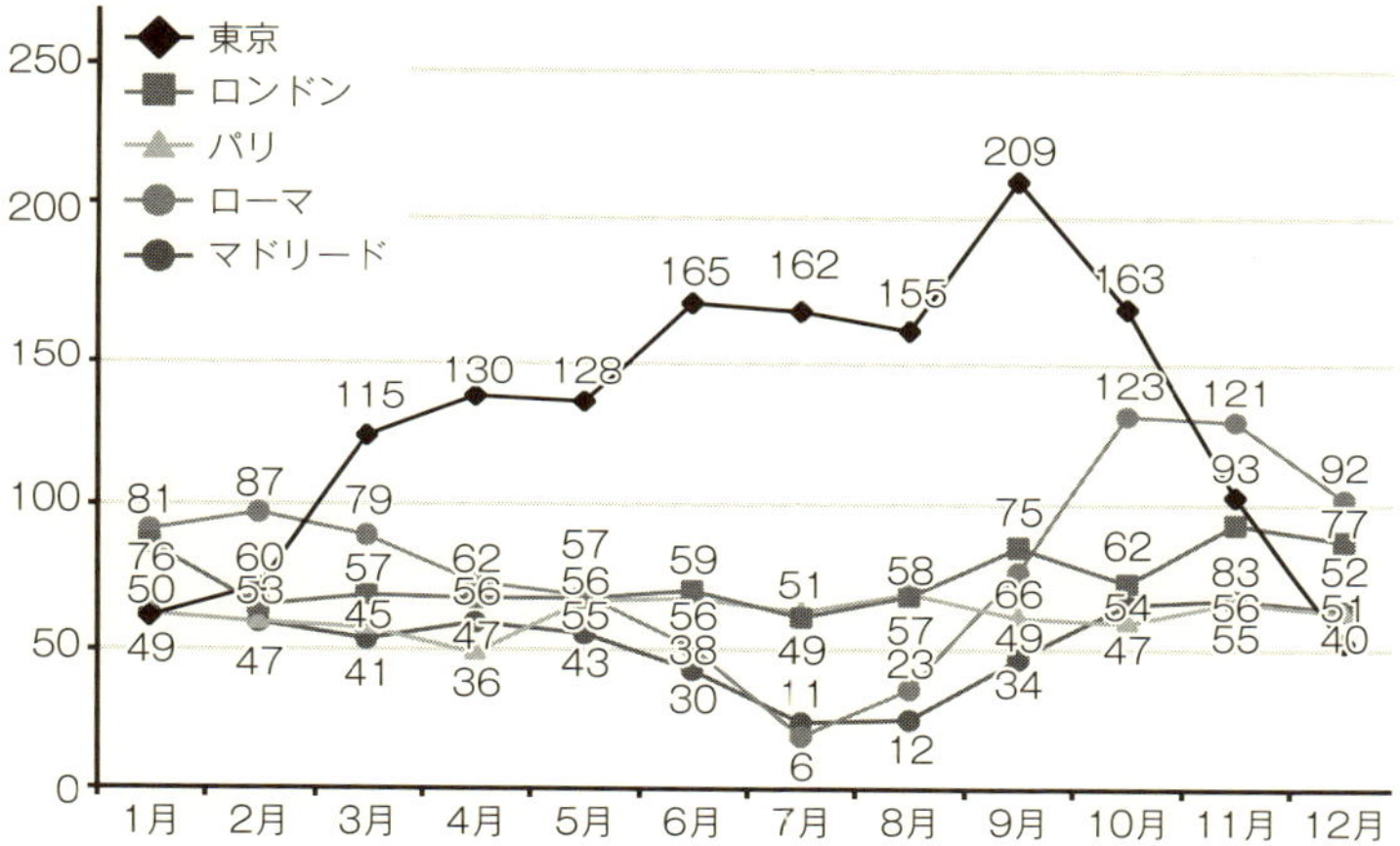

図３−３　東京とヨーロッパ四大都市の降雨量（単位ミリ）
（Travelers Cafe World Gallery のHPデータより作図）

冬にかけて東京ほどには降るのである。和辻が冬草が育つといったのは、この時期であった。ローマのこの二ヵ月をのぞくと、後はすべての都市で、毎月の降雨量が年間を通じて１００ミリ以下である。平均値は50から60ミリ程度、特に7、8月の二ヵ月、10ミリあまりしか降らないのがマドリード、ローマなのである。

気温は高いが、非常に強い乾燥気候が半年以上にわたって支配している。そして、雨季といわれる冬の間も、東京の11月程度の降雨量しかない。

結論は明白である。３月から10月にかけての八ヵ月間、雑草が繁茂できる環境条件はまったく整っていない、逆に死滅してしまう。一度耕したらほっておいても草が土地を占拠することはない。春、夏、秋という年間の四分の三が、野草から解放されて、まったく楽に暮らせる理想的環境条件が整っている。

その対比として東京をみると、3月初めから10月の終わりまで、安穏と暮らすことはできない。目の前の雑草には、手を抜くことなく、日々、戦いを挑みつづけなければならない。昭和のはじめにヨーロッパを回って、脅威に映った大槻や和辻の印象談は、データをもってしっかりと裏づけられる。

なお、この四大都市を代表にしたヨーロッパとは、大陸の中部、南部に偏っているであろう。またアルプス山脈や大西洋に近接した地域になると、異なった影響もあろう。ちなみに、ヨーロッパ大陸の北部に行くと、湿気を含んだ偏西風、暖流の北大西洋海流の影響によって、緯度のわりには温暖なことが指摘されている。また南部の地中海に近くなると、マドリード、ローマにみられるような地中海性気候がさらに顕著に影響を現わすであろう。すると、農作業としては、夏はぶどう、オリーブ、オレンジなどの乾燥に非常に強い果実、冬は小麦が栽培されている。また、冬に生える雑草を牧草地に育てて餌として与え、羊や山羊などの放牧が行われている。

3　ヨーロッパ ―― 地理的位置・海流

ヨーロッパを地図でみていると、面白いことに気づくだろう。まず大陸の南に非常に大きな湖のような地中海が目に入ることである。大西洋とのつながりは、ジブラルタル海峡という小さな出口があるだけである。その南には、ヨーロッパ大陸をはるかに凌ぐアフリカ大陸がひかえている。

アフリカの北部をみると、国でいえばエジプト、リビヤ、アルジェリア、モロッコなどがある。ナイル川の河畔デルタ地帯をのぞくと、広大な乾燥地帯、サハラ砂漠が目に入ってくる。世界最大の砂漠で、荒野や砂漠を意味するサハラというアラビヤ語からきた名称である。その大きさはアフリカ大陸の三分の一までをもしめている。そして隣接して、砂漠と同じほどのサバンナがある。どちらも乾燥という共通の特徴を持ってつながっている。

次にアフリカの熱帯地域に注目すると、広大な乾燥地帯の南の大西洋側に寄り添って存在している感じにみえる。国名でいえば、ガーナ、ナイジェリア、カメルーン、コンゴ、ザイール、ガボンなどである。サハラ砂漠とサバンナ地帯の巨大さに比べたら、熱帯地域はたいへんに小さく、何分の一という印象を与える。

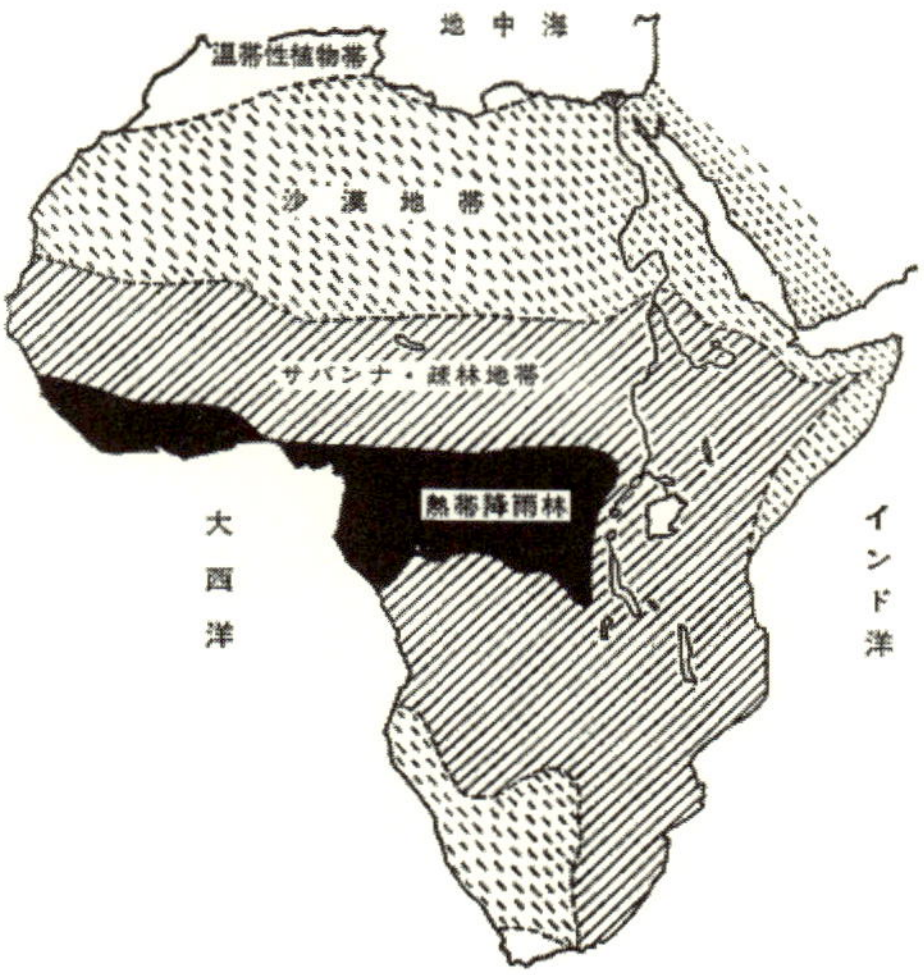

図3－4　アフリカの地勢図（木村愛二『古代アフリカ　エジプト史への疑惑』鷹書房，1974より引用）

この熱帯地域に特有なのが「熱帯雨林気候」である。

一年間を通じて温暖にして、かつ降雨量がきわめて多いという特色がある。そのためにあらゆる植物の生育が促されている。植物の成長が一番早いばかりでなく、忘れてならないのがその多様性であろう。東南アジアや中南米も含めて、熱帯地域は細菌もいれて動物や植物の種類が一番多い地帯、生物多様性のもっとも高い地域である。

このアフリカ大陸の熱帯地域とヨーロッパの関係をみてみよう。

結論は明白だろう。ヨーロッパ大陸はアフリカの熱帯地域からほぼ完全に切り離されていることがわかる。そして両者を切断しているのが、その中間に位置する広大な乾燥地帯である、すなわち、サハラ砂漠とサバンナ地帯なのである。その関係は図３－４を参照すればすぐに頷ける。

ヨーロッパ大陸はアフリカの熱帯雨林気候からほとんど何の影響も受けてこなかった。これはヨーロッパの自然を理解するときの原点になる。アフリカ熱帯雨林気候が生んださまざまな動植物の流入が最小限に押さえられたのであった。実はこの当然な認識がヨーロッパを知ろうとするときこれまで十分に意識されてきたか、というと決してそうではない。

仮に影響を与えたものがあるとすれば人間である。

大航海時代にはじまった人間の行き来に付随して、珍しいものとしてヨーロッパに持ちこまれたのであった。もしこの関係が異なっていて、不断に影響を受ける地理的関係にあったら、熱帯アフリカの多様な自然がどんどんヨーロッパに流入して、今とはたいへん違った自然環境になっていたであろう。そうなれば先は明らかで、日本列島と同じように、雑草との戦いは、農作業でも牧畜業でも、日常的になっていたであろう。

もう一つ考慮すべきは、大西洋に流れる海流である。

図３－５は大西洋を真ん中に南・北アメリカと、ヨーロッパ、アフリカの間の海流の流れを示したものである。熱帯地域のカリブ海に発した暖流のメキシコ湾流は、北アメリカ沿岸に沿って大西洋をわたり、ヨーロッパに近づくと北大西洋海流と名前をかえる。そして、その一部はさらに北に流れていって、イギリスやノルウェー、スウェーデンなどの北欧諸国沿岸にまで到達する。緯度の高いわりにイギリスや北欧

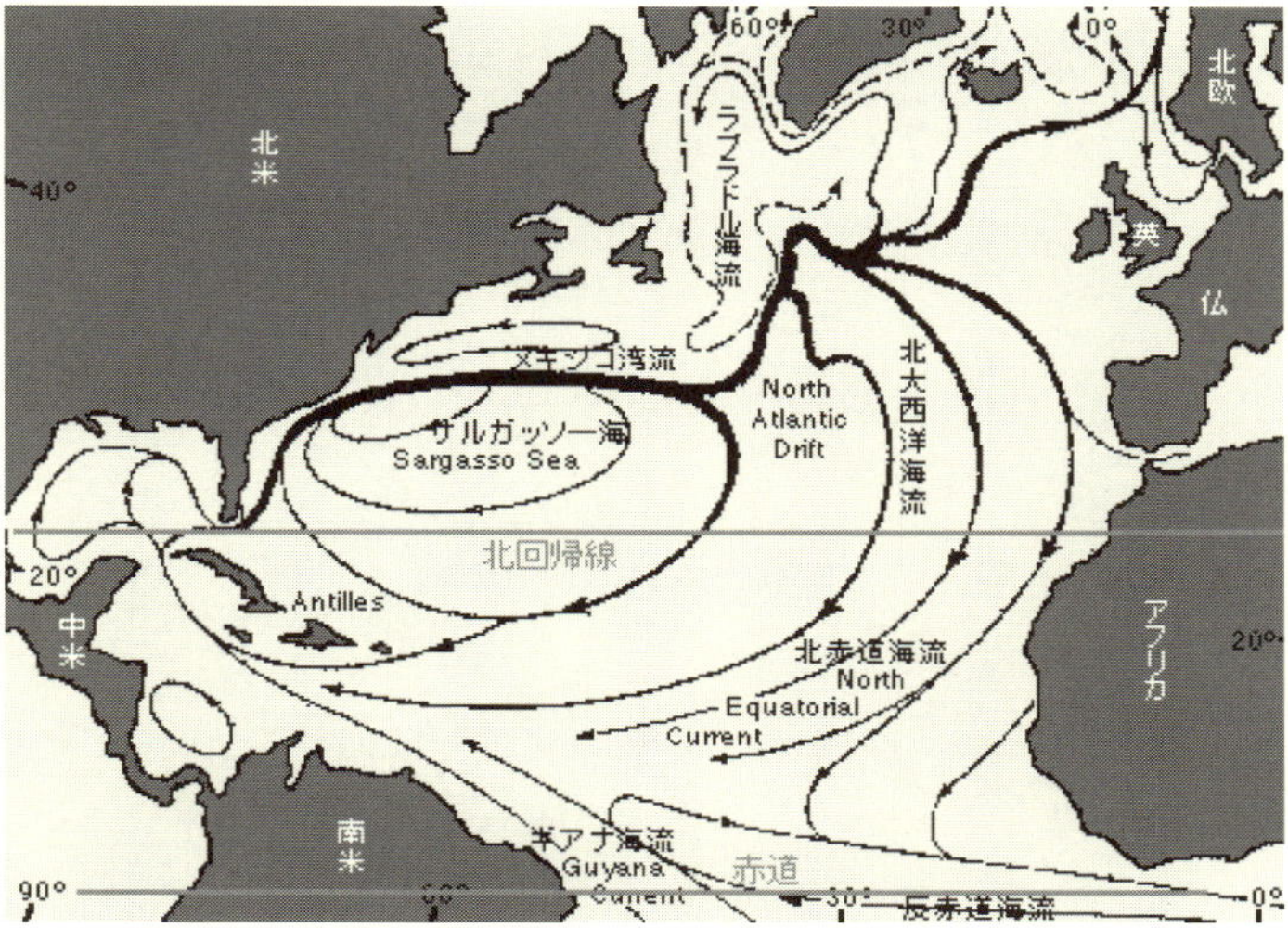

図3－5　大西洋の海流

（Stanley G. Weinbaum, 1937. *Shifting Seas* Project Gutenberg Australia『海流異動』
http://www.saturn.sannet.ne.jp/okku/ShiftingSeas/Shifting_Seas.html より引用）

諸国が暖かいのは、この暖流のせいだといわれている。

もう一つの流れは、ヨーロッパ大陸の手前で南に迂回し、北赤道海流になってアフリカ沿岸を回り、さらに南下して南米やカリブ海まで戻ってくる。15世紀にはじまったコロンブスやヴァスコ・ダ・ガマの探検航海は、この海流に乗って可能になったといえる。

ヨーロッパ大陸、特にイギリスや北欧諸国は、熱帯カリブ海に発する暖流によって、気候面では大きな影響を受けてきたことは先に述べた。しかしながら、熱帯カリブ海地域で生息していた動植物が海流に乗って流れていき、ヨーロッパ大陸に流入することは、なぜか起きなかったのである。

大きな原因の一つは大西洋の大きさであろう。

この大洋を生命がサバイバルしながら、

ヨーロッパ大陸まで流れ着くことは至難の業であった。紙上計算をしてみると、イギリスとフロリダとの直線距離を測ると、およそ７１３０キロである。仮にメキシコ湾流の流速は一番速い速度で時速９キロと計測されている。計算では、フロリダで流された熱帯の種子が、そのままいっきに時速９キロで直線的に流れていっても、33日間かからないとヨーロッパに着けない。実際は何倍になるのだろうか、予想はできないが、その間、植物の種子は海流の中ではたしてサバイバルできるのだろうか。

もう一つの直接の要因を探るためには、大西洋に目をぐっと近づけてみよう。途中に島があれば、種子が流れ着いて命を永らえ、繁茂することもできるだろう。島から島へ、環礁から環礁へと伝って旅をつづけ、ついにはヨーロッパ大陸にいたることも、長い時間の流れを想定すれば、決して不可能ではない。日本の童謡、「椰子の実」である。

両大陸間にある大西洋には、島や環礁が決定的に少ないことが明らかになる。サバイバルは不可能に近いのである。こうした地理的条件が、気候をのぞくと、熱帯カリブ海地域の影響を最小限にとどめたといえる。

結論としていえることは、ヨーロッパ大陸は、その地理的位置によって、アフリカと中南米の両熱帯地域の直接の影響を免れてきたのである。これが日本列島と決定的に大きな相違を生み出したもう一つの原因といえるだろう。「ヨーロッパには雑草がない」と語った大槻や和辻のものの見方・考え方は、ヨーロッパ大陸と熱帯地域とのかかわりを頭において理解することが大前提になる。

4　カリフォルニア ── 気候と海流

全米第三位の大きさのカリフォルニア州は、日本とほぼ等しい規模で、南北に長い州である。巨大な農場を開墾してアメリカの大穀倉地帯を作り、稲作をはじめとして数々の農作物が栽培されてきた。ジェームズ・ディーン主演の映画『エデンの東（East of Eden）』（１９５５）はカリフォルニアの野菜収穫風景をよく描いている。

このカリフォルニア州に暮らしていえることは、和辻の言を借りれば、「カリフォルニアにも雑草がない」ということであった。なぜカリフォルニアに雑草が育たないのかを、以下の図を参照しながら分析すると納得できるだろう。

カリフォルニアは非常に広いので、サンプルとして北部はサンフランシスコ、南部はロサンジェルスをとることにした。まず図３－６、７のデータから、最高気温と最低気温の年間変化をみると、夏と冬の間の温度差が一番大きいのが日本の東京である。対して、ロサンジェルスは最高気温と最低気温ともに、年間の気温変化は比較的高い位置で小さく、サンフランシスコは少し低い位置で小さい。

ロサンジェルスはメキシコに近いので高いのは当然だが、といっても夏でも東京ほどには暑くはなく、また冬の12月から2月にかけても、5度から15度の間にあって、それほど寒くはない。対してサンフランシスコは、夏でも東京の4月、11月ほどであり、冬では東京の3月よりは暖かい。

今度は図３－８をみると、降水量の特徴は歴然としている。

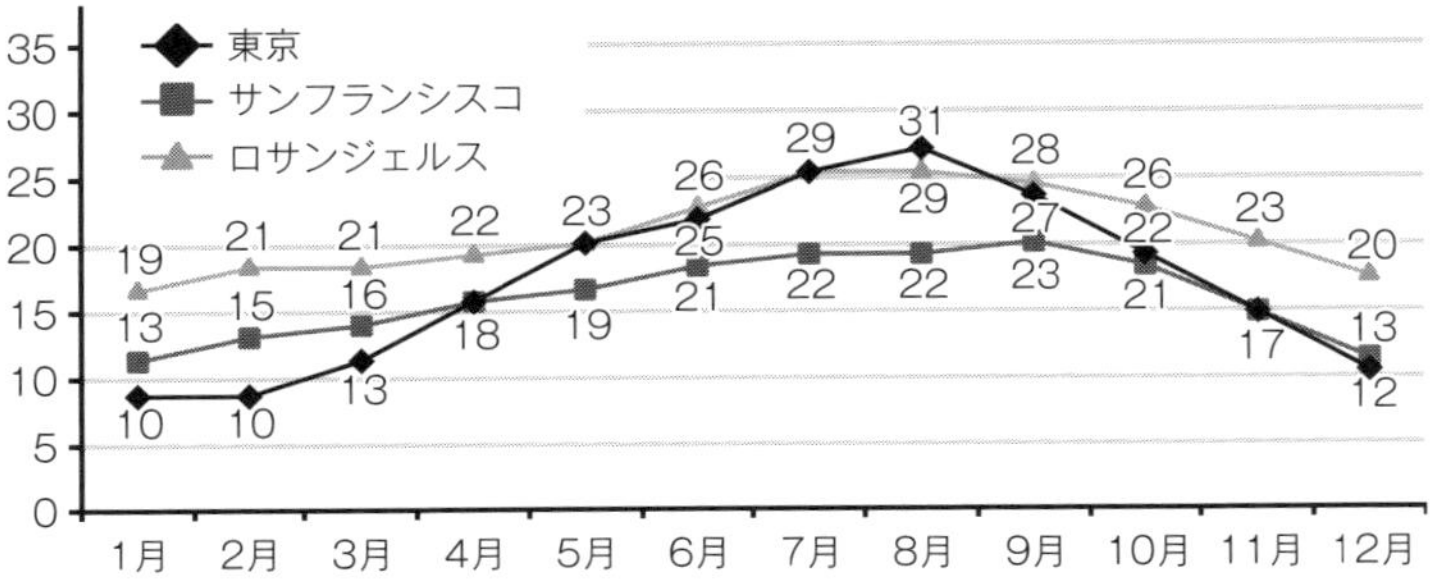

図3－6　東京とカリフォルニアの最高気温（単位摂氏）
（Travelers Cafe World Gallery の HP データより作図）

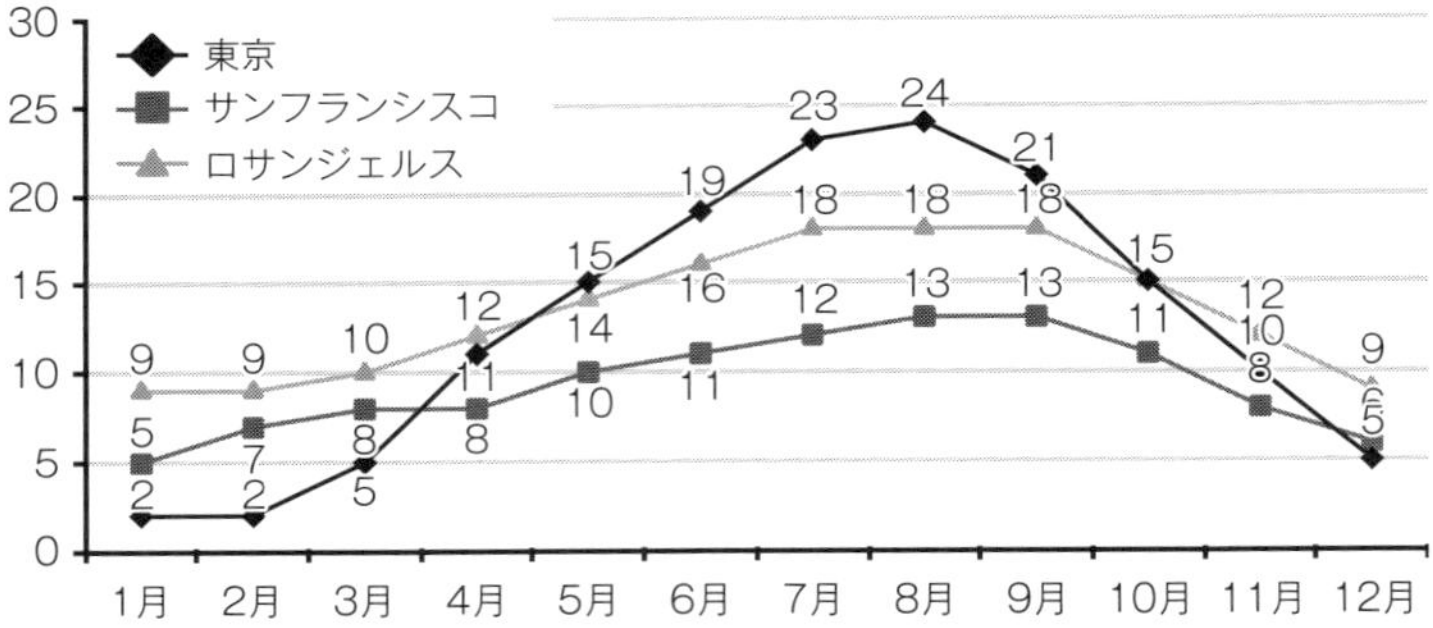

図3－7　東京とカリフォルニアの最低気温（単位摂氏）
（Travelers Cafe World Gallery の HP データより作図）

年間降水量はカリフォルニア州で圧倒的に少ない。そして特に注目すべきは、両都市ともに、5月から9月にかけて5ヵ月間は降水量がないことである。まったく雨が降らない。夏は完全に乾燥期で、植物は朝露でやっと凌いでいるのである。

雨季は11月末から3月初旬までの4ヵ月に限られている。しかし、その降水量も、日本の3月、11月並みである。雨季だといっても、日本の梅雨期の三分の一程度にとどまっている。

こうした気象の傾向に対

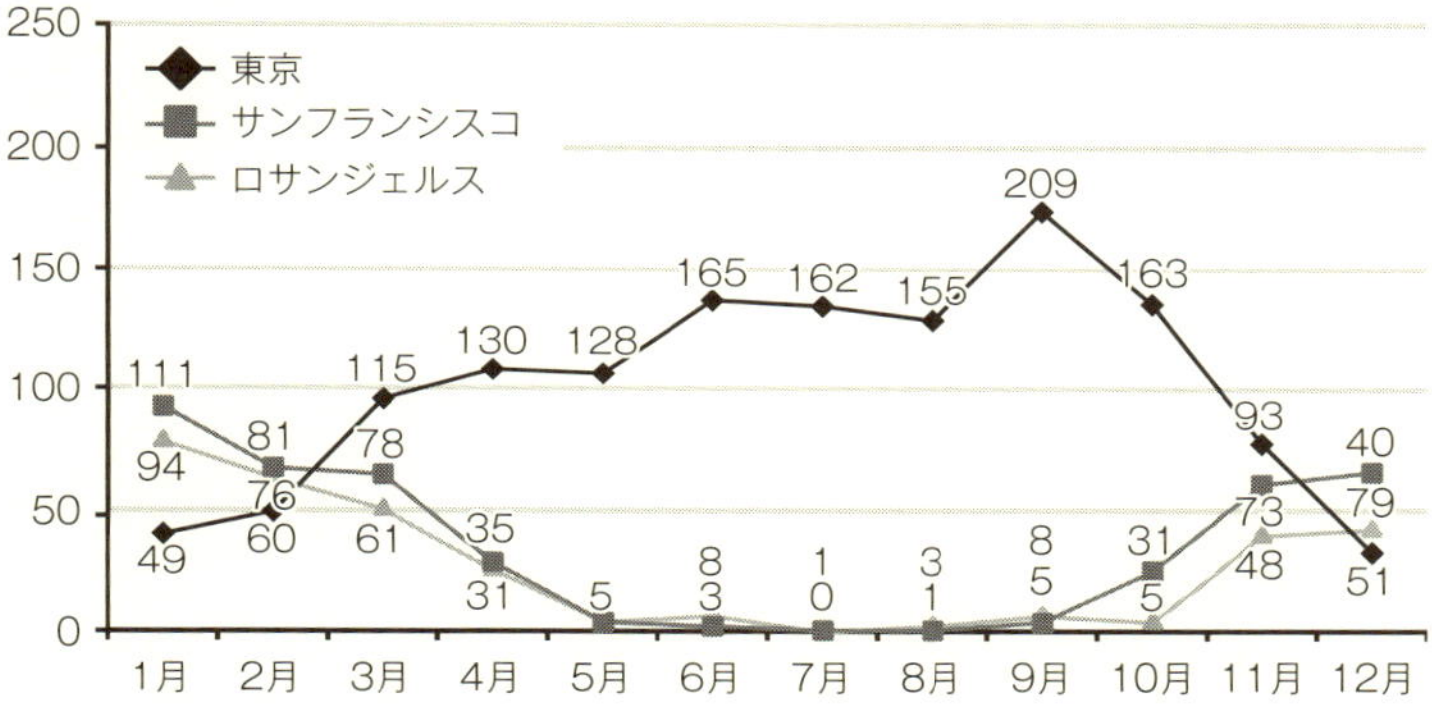

図３－８　東京とカリフォルニアの降水量（単位ミリ）
（Travelers Cafe World Gallery の HP データより作図）

して、カリフォルニアはヨーロッパに似て、地中海性気候と特徴づけられてきた。３月、４月は丘も緑色になっているが、夏に近づくにつれて、雨がまったく降らないために、野草はすぐに枯れて、丘は褐色にかわっていく。もちろん、野草がないのではない。とはいえ、土地に腰を下ろして草取りをするまでもなく、除草剤を少しまけば済んでしまう。

脇へそれると、カリフォルニアの稲作は大農場である。日本の農家の平均農地面積は約１・５ヘクタールに対して、アメリカ農家は２６０ヘクタール、規模は１７０倍を上回っている。フィールドでは、種まきをする前には、大型トラクターで深く耕していく。そして水準器で測定をして、土地を完全にフラットにするのである。その後で、広大な水田に水を張り、その深さを20センチから25センチ程度に保つ。フィールドを水平にするのは水をまんべんなく張るためである。その後で、はてしなく広いフィールドの上に種もみを飛行機で散布していく。発芽して稲に育っていくと、稲と競合する雑草のヒエなどの生育をみながら、選択的に除草するために、また飛行機で薬剤を散布していく。雑草対策とは除草剤散布以外のなにものでもなく、フィールドに出て草と戦う姿などをみることはできない。

次に図３－９は、カリフォルニア沖を流れる海流を示したものである。大きくは太平洋を時計回りに流れる黒潮の流れの延長であるが、途中でアリューシャン列島から次第に南下し、カリフォルニア西海岸に沿ってメキシコ西海岸にまで流れ下っていく。この海流にはカナダ北部の太平洋岸の寒流も、北から加わって南下するために寒流となり、中南米熱帯地方の影響を妨げている。カリフォルニアへと北上する暖流がない、ということである。

もう一つ加えるべきは、カリフォルニアの地理的位置である。

州南部は乾燥地帯なのである。一部には砂漠もあり、またメキシコの乾燥地帯も隣接していて、メキシ

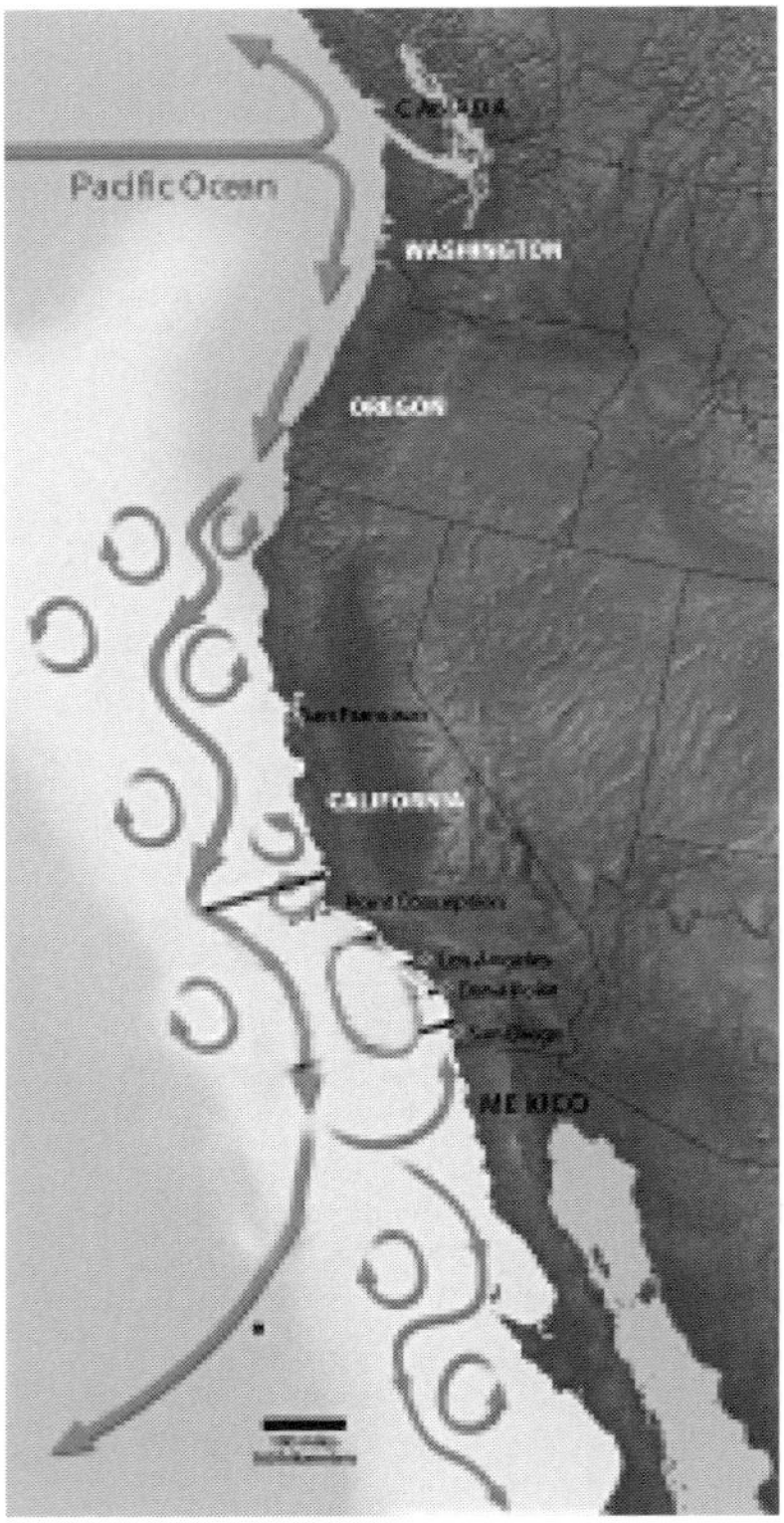

図３－９　カリフォルニア沖の海流
（California Current Ecosystem のHPより引用）

コ南部や中南米の熱帯地方の影響をさえぎっている。ヨーロッパ大陸がサハラ砂漠などによって、アフリカの熱帯地方の影響を受けなかったと同様に、カリフォルニアも熱帯地域と隔たっているために、熱帯性植物とのつながりは非常に薄い。その中にあって、オオカバマダラなどの蝶類がメキシコや中米と北米との間を往来しているところは興味深い現象であろう。

5　日本の気象 ―― 温暖湿潤

日本の気候に対する名称はさまざまである。温帯モンスーン気候、温暖湿潤気候、亜熱帯性気候などである。雑草とのかかわりで気候を分析しているので、ここでは「温暖湿潤気候」としよう。その特徴とは春から秋にかけて高温多湿になることである。すでに東京の最高気温、最低気温、平均降雨量をヨーロッパの主要四都市と比較して明らかにしたように、冬の2〜3ヵ月をのぞけば、気温は一貫して非常に高いのみならず、降雨量がヨーロッパ大陸の3倍から4倍と格段に多いことがわかる。

この要因は、定期的に吹く季節風のせいだと専門家の間では分析されている。夏は低緯度地方の太平洋海域から日本列島に、季節風としてたえず湿った暖かい風が吹きつける。特に6月下旬頃から9月下旬にかけては、しばしば熱帯性低気圧の台風がやってくる。暖かい風と高い湿度で列島はいつも保たれている。植物にとって、これほど理想的な生育環境はないだろう。

逆に冬に近くなると、今度は大陸から北西の北風が日本列島に吹き寄せる。シベリアからくる乾燥した北風は、日本海をわたる間に、海に流れる対馬海流の暖かい湿気をたっぷり吸収して、日本海側の山岳地

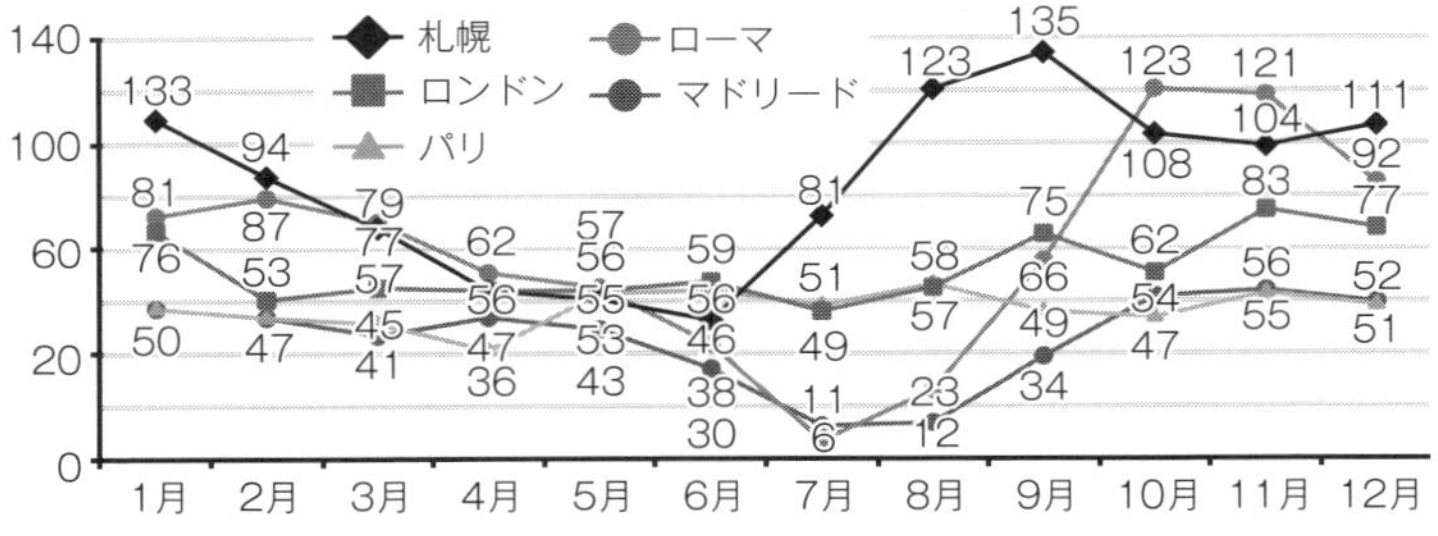

図3－10　降水量比較 ── 札幌とヨーロッパ（単位ミリ）
（Travelers Cafe World Gallery の HP データより作図）

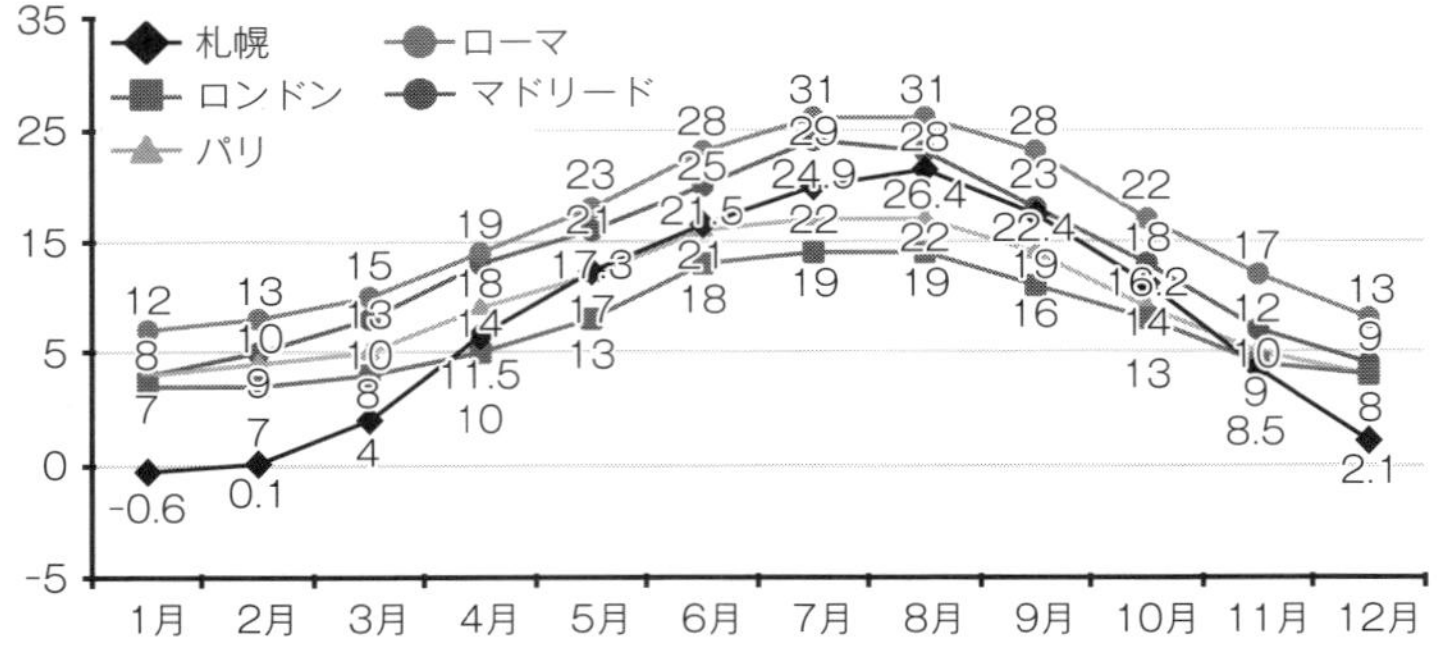

図3－11　最高気温比較 ── 札幌とヨーロッパ（単位摂氏）
（Travelers Cafe World Gallery の HP データより作図）

帯にぶつかると、大雪を降らせている。世界でもまれな豪雪地帯として知られるようになった。

雨と雪とで形は違うけれども、夏も冬も日本列島には多量の水が供給されつづけている。降り積もった雪は春先になると、気温の上昇につれて、植物の生育には欠かせない水分を切れることなく列島各地に与えつづける。

南北に長い日本列島も目を近寄せてみれば、気候には地域の特徴もある。北海道や東北地方は温帯というより亜寒帯が適切だろう。

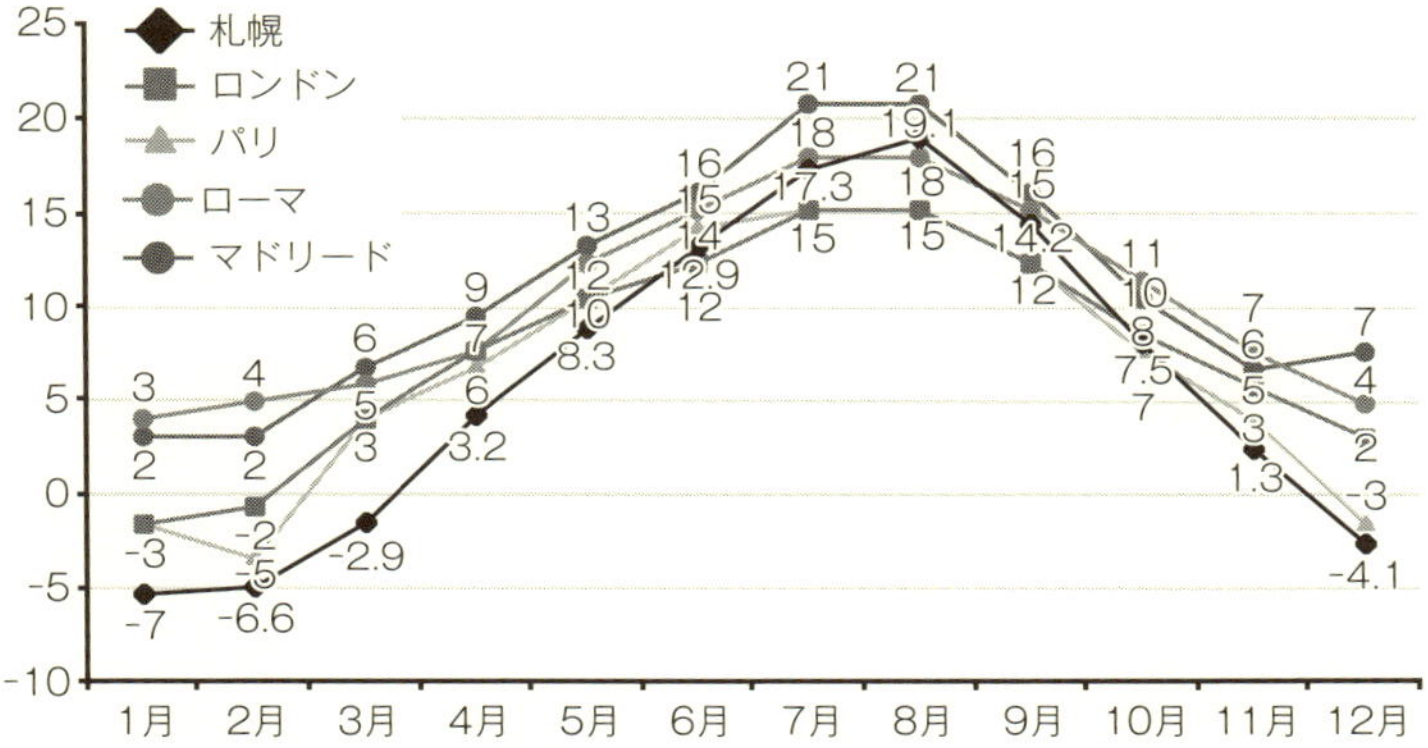

図3－12　最低気温比較 ── 札幌とヨーロッパ（単位摂氏）
（Travelers Cafe World Gallery の HP データより作図）

特に北海道では梅雨がないのである。

　しかしながら、その北海道でさえ、最高気温、最低気温を月別にみると、実はパリ、ロンドンとはほとんどかわらない。真冬の12、1、2月は確かに札幌の気温は低い。7、8、9月の夏になると、最高気温も最低気温も数度以上は上回っている。その上に、降水量となると、ロンドン、パリ、ローマ、マドリードのどの都市にも負けてはいない。特に7、8、9月は2倍から3倍の降水量になっている。北海道の札幌にして、植物の生育条件は完璧に整っている。

　列島の北にある札幌にしてそうなら、他の地域は何をかいわんやである。温暖湿潤気候の言葉通りに、どこをみても日本列島には雑草の生い茂る気候条件が十二分に備わっている。特に、ヨーロッパやカリフォルニアの温帯地方と比べてみると、この特徴が浮きあがってくる。念のために、図3－10～12に、札幌とロンドン、パリ、ローマ、マドリードの気温と降水量のデータをグラフで掲げるので、比較分析してみるのがよい。

6　撹乱要因 ―― 台風

日本列島は、台風の進路に位置するために、毎年6月下旬から9月下旬にかけて、たえず台風の接近や上陸の危険性にさらされている。暴風雨や高潮などによって甚大な被害をこうむるばかりでなく、自然生態系も大きく破壊されることがしばしば起きている。表3－1は、気象庁統計による日本列島への台風の接近数、上陸数の過去30年の平均値を月ごとに示したものである。

表3－1をみると、台風の発生数は年間25件を上回り、列島への上陸数は年間2・7件、接近数は年間11・4件にもなっていて、毎年、この日本列島は台風の洗礼を厳しく受けている。われわれにとって、台風は明らかに生活を大きく破壊する自然災害であって、たいへん困った存在である。それと同時に、身近な自然をみても、樹木が折れたり、根元から倒されたりして、生命を永らえることができない。まして洪水で都市や田畑が荒らされることも起きている。こうした二つの意味で、台風は人間の生活にも自然環境にも明らかに災害であって、極力避けたいというのが、われわれの普通の感覚なのである。

しかしながら、近年になって、台風は山火事などと同じように、自然撹乱（natural disturbance）の一種である、という新しい認識が生まれるようになった。台風などの大きな自然撹乱は、何年かの間隔で、自然を根底からひっくり返して、再び創りかえるという働きをしてきた、と仮説されるようになった。すると、今日の列島の自然は、人間が住むはるか以前から、台風や火山などでたえず撹乱されつづけてきた所産として存在している、ということになる。こうした見方は5年、10年のスパンで分析し、検討できる

表３－１　日本列島を襲う台風（気象庁 HP の各種データ資料より）

	1月	2月	3月	4月	5月	6月	7月	8月	9月	10月	11月	12月	年間
発生数	0.3	0.1	0.3	0.6	1.1	1.7	3.6	5.9	4.8	3.6	2.3	1.2	25.6
接近数（注１）				0.2	0.6	0.8	2.1	3.4	2.9	1.5	0.6	0.1	11.4
上陸数（注２）					0	0.2	0.5	0.9	0.8	0.2	0		2.7

平年値＝過去 30 年（1981 ～ 2010）の平均値
注１＝接近は台風の中心が国内のいずれかの気象官署から 300km 以内に入った場合を指す。
注２＝上陸は台風の中心が北海道、本州、四国、九州の海岸線に達した場合を指す。

話ではない。50年、１００年の単位、否、それ以上のスパンで眺めなければ、容易には結論は出せないだろう。

明快に検証された論理ではないが、仮に台風に意味があるとしたら、アメリカのカリフォルニア州、ヨーロッパ大陸にはない自然条件とは、まさしく台風の自然撹乱であり、この列島の自然環境を成り立たせている目立った要因の一つに数えられるだろう。特にヨーロッパでは、人間の強い支えがないと、森林を再生することはできない。対して、この列島は高温多湿という気候条件も加わって、台風による撹乱からの自然の再生も、著しく促進されている。非常に長期的な観点で眺めると、自然撹乱による再生活動が、この日本列島をして、類まれなる生物多様性を維持することに大きく貢献してきたのかもしれない。

台風に関係するエピソードはいろいろ耳に入ってくる。台風は日本列島に南からの強い風を吹きつける。すると、台風一過、その後には、しばしば見慣れない南方に生息している珍しい蝶などが観察されることもあった、と報告されている。台風とともに、南方に住んでいた昆虫、鳥などが島伝いに北上してくることがあることも、経験的には知られているのである。われわれが嫌悪する台風も、その大きなエネルギーによって、熱帯地域とこの列島の結びつきを強め、身近な動植物をはじめとして日本の自然を、われわれの自覚しないうちに豊かにしているのだろう。

7　椰子の実

「椰子の実」

名も知らぬ遠き島より
流れ寄る椰子の実一つ
故郷《ふるさと》の岸を離れて
汝《なれ》はそも波に幾月

旧の樹は生ひや茂れる
枝はなほ影をやなせる

われもまた渚を枕
孤身《ひとりみ》の浮寝の旅ぞ

実をとりて胸にあつれば

新《あら》たなり流離の憂《うれひ》

海の日の沈むを見れば
激《たぎ》り落つ異郷の涙

思ひやる八重の汐々《しほじほ》
いづれの日にか国に帰らむ

日本人には幼い頃からなれ親しんだ童謡、「椰子の実」である。この歌詞は島崎藤村が作詩したもので、明治34年、1901年に出版された詩集『落梅集』に掲載されている。そして、大中寅二が作曲したのであった。

よく調べてみると、「椰子の実」の主題そのものは、そもそも島崎藤村が思いついたものではなかった。実際に椰子の実を砂浜で拾っていたのは、後に日本民族学の父として尊敬を集めるようになった柳田國男であった。彼は帝大生だった頃、病気療養のために夏の一月あまりを伊良湖崎に逗留し、界隈を散歩していた。その頃のエピソードを著書『海上の道』（1978）に次のように記述している。

「今でも明らかに記憶するのは、この小山の裾を東へまわつて、東おもての小松原の外に、舟の出入りにはあまり使はれない四五町ほどの砂浜が、東やや南に面して開けていたが、そこには風のやや強かつた次の朝などに、椰子の実の流れ寄つていたのを、三度まで見たことがある。一度は割れて真白な果肉の露われ居るもの、他の二つは皮に包まれたもので、どの辺の沖の小島から海に泛んだものかは今でも判らぬが、ともかくも遙かな波路をこえて、また新らしい姿でこんな浜辺まで、渡つてきていることが私には大きな驚きであつた。

この話を東京に還つてきて、島崎藤村君にしたことが私にはよい記念である。今でも多くの若い人たちに愛誦せられている『椰子の実』の歌といふのは、多分は同じ年のうちの製作であり、あれを貰ひましたよと、自分でも言はれたことがある。」（24〜25頁）

この記事にもあるように、柳田國男は帰京して伊良湖崎の思い出を親しい藤村に話したのである。椰子の実の長い旅路に強い感銘を受けた藤村は、早速に詩作に専念して発表したのであった。「椰子の実」は、戦後になって中学校・音楽科の教科書にも載るようになり、今日では愛唱歌として不動の地位をしめている。

歌詞がはからずも示しているのは、現代の言葉でいえば、ヨーロッパ大陸とは異なって、日本列島が熱帯地方、亜熱帯地域と密接につながっている、ということである。この列島に暮らした昔の人々は、砂浜で大きな椰子の実を拾ったときなど、波路はるかな南の彼方にどのような思いを馳せていたのだろうか。確かなことは、椰子の実が実っている見知らぬ自然とどこかで深くつながっている、という想いだろう。

8　海流 ―― 熱帯を運ぶもの

温暖湿潤という気象条件が、日本列島における植物の生育に決定的な影響力を持ってきたのは、現代では人々の常識になっている。わが国の植物に関連して、気象条件の他にもう一つ注目しなければならないのが、熱帯地域と日本列島の海におけるかかわりである。実は柳田國男は、南の島々との関係を先に引用した著書『海上の道』の中で、動植物の漂着に加えて、有史以前の人々の移動までをも想像して、いろいろ書いていた。とはいえ、当時としては、温帯のカリフォルニアやヨーロッパと対比したときに浮き彫りになる日本列島の特異性は、気象条件ほどには強く意識されていなかったのだろう。

結論は明快で、柳田國男のものの見方や「椰子の実」の童謡にもあるように、日本列島は南の地域と実に深い関係を持ってきたのである。そのかかわりを媒介しているのが、熱帯地域から日本の沿岸まで流れてくる黒潮、暖流であることは、今日では人々の常識であろう。「椰子の実」のエピソードは氷山の一角だが、暖流に乗ってさまざまな動植物が、北の温帯に位置する日本列島にまで流れ着き、たくましくサバイバルして、日本の自然を創りあげてきたのである。これまで多くの研究者がもっとも関心を抱いた仮説とは、稲作の流入とともに、南から島々を伝わって日本列島に住み着いたと想定されている日本人南方起源説であった。

図３－13は日本列島と熱帯地方との間をめぐっている海流を示したものである。図は明白に、フィリピン沖やインドネシア近海の熱帯に発した暖流の黒潮が次第に北上をつづけて、台湾沖を通り、沖縄県のす

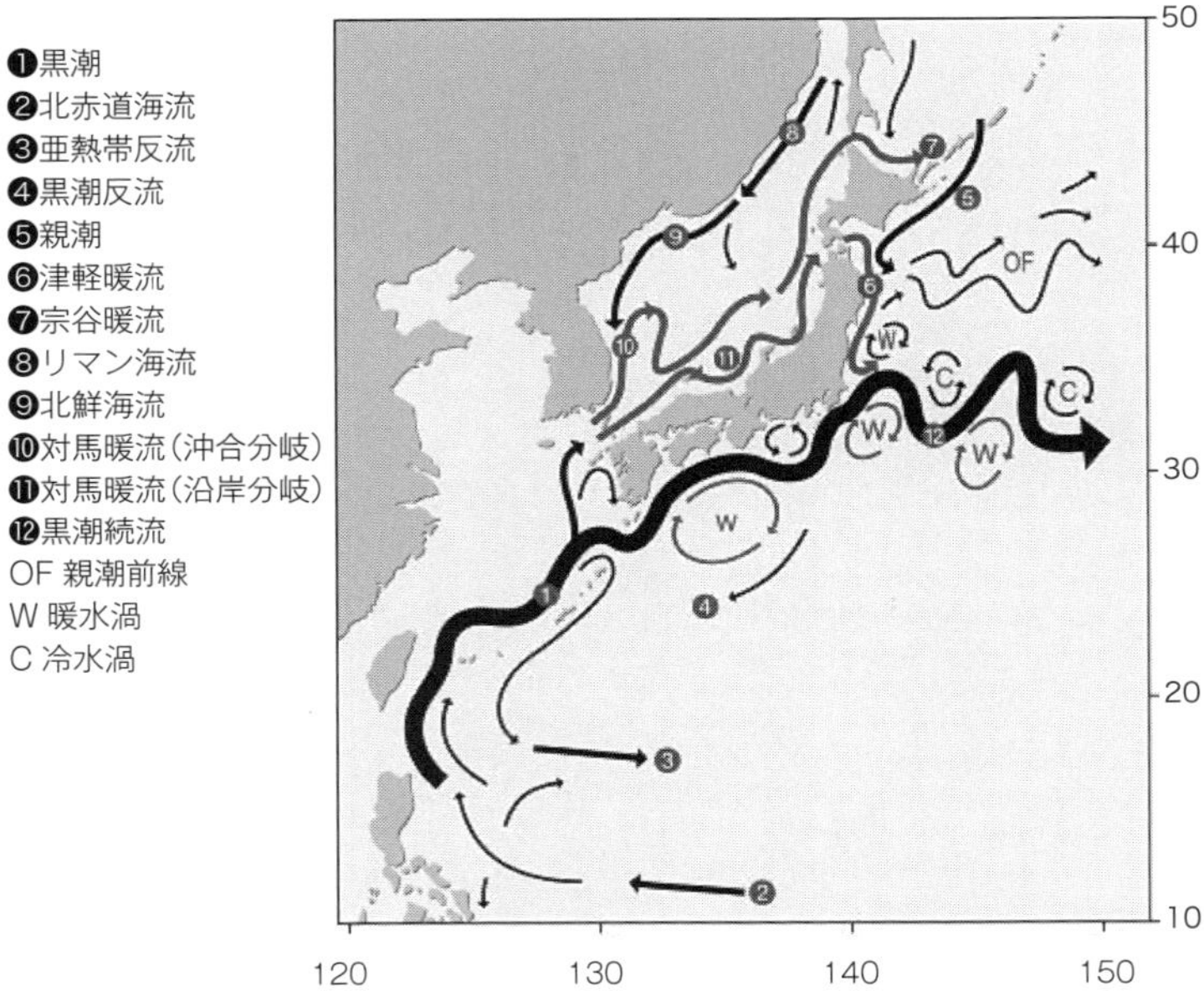

図3－13　日本列島と海流（独立行政法人・教員研修センター・研修資料より）

ぐ近くを過ぎて、九州の南にまでいたっているのを示している。

ここで黒潮は大きくは二つに分岐する。

大きな流れの方は、日本列島をそのまま太平洋岸沿いに北上して、房総半島付近まで流れてくる。そこから流れは東に転じて、広い太平洋をわたってアメリカ大陸までとどいている。

九州の南の海で分岐したもう一つの小さな海流は、対馬海流である。朝鮮海峡を通って日本海に入り、山陰地方、北陸地方、新潟や秋田沿岸沖を経ながら、北海道にまで流れていく。日本列島は表も裏も暖流でいつも洗われている。『海上の道』を読むと、裏日本にも椰子の実が流れ着いた、という話題が触れられている。

そしてもう一つは、熱帯アジアと日本列島の距離である。その距離を算定するために、仮に東京から台湾の台北を経由してマニラに行くとしよう。その距離はおよそ３３００キロメートルであることがすぐにわかる。黒潮の流速は最大速度が時速4ノット（7・4㎞）と計測されている。紙上計算をすると、マニラから東京まで、台北経由でまっすぐに行くと、18・6日で到達することになる。三週間はかからない。

大西洋ではフロリダからロンドンまで33日、一ヵ月あまりかかっていたメキシコ湾流のケースと比較すると、6割弱、半分少々なのである。実際はその何倍もかかるだろうが、確かなことは、日本列島にとって、熱帯が決して遠くはない、そこにあるという現実だろう。再度強調すれば、東南アジアの熱帯海域に発した黒潮が、熱帯に由来するさまざまな動植物を乗せながら、北上してたえず日本列島に近づいてきているこことである。雑草が多いのもその一つに間違いはない。

ところで、日本列島の南に、熱帯地方の与える影響をさえぎるものはあるのだろうか。ヨーロッパ大陸には、地中海に加えて、その南にサハラ砂漠、サバンナ地帯という広大な乾燥地帯があり、熱帯アフリカを完全に遮断していた。そして、海には北上する海流もない。

カリフォルニア州では、その沿岸を南に向かって海流が流れているし、州境やメキシコには砂漠や乾燥地帯があって、カリフォルニア州の穀倉地帯へ中南米の熱帯が影響することを阻止している。

繰り返せば、日本列島は東南アジアの熱帯諸地域と日常的に深い関係にある。台風に限らず、一年中、強い影響にさらされて位置しているのがこの日本列島なのである。身近な自然環境を観察すれば、熱帯と深いつながりのある植物を容易にみつけることができるだろう。たとえば、つる植物、シダ類、地衣類、コケ類などは、日本列島のいたるところで繁茂している。しかも、温暖多湿という植物成長に好適な条件が十分に備わって、成長を助けているのである。われわれはそれを自覚していないだけである。

9　海峡の島々 ── サバイバル

暖流の流れの他に、もう一つ考えるべき条件とは、熱帯地域と温帯日本との間にある島、環礁であろう。島や環礁があれば、動植物はそこに打ちあげられ、温暖多湿の気候条件に支えられて生命をつなぎ、サバイバルすることができる。熱帯地方にあるパプアニューギニア、インドネシア、フィリピンは地図をみると一目瞭然、たくさんの大小の島々や環礁で密接につながっている。

大きな海峡があるとすれば、フィリピンと台湾、台湾と日本の九州であろう。まず、地図でフィリピンと台湾間をみると、南から順に、パブヤン海峡、バリンタン海峡、ルソン海峡、バシー海峡になる。その海峡に沿って、南から台湾に向かって暖流は流れていく。

この海峡には、どこにもかなり大きな複数の島が連なっている。一番北のオーキッド島、ルータオ島は台湾に所属していて、いずれも空港もある島である。バシー海峡にある台湾領オーキッド島とフィリピン領イトバヤット島の間は、直線距離で１３４㎞に過ぎない。

今度は台湾から日を北に注ぐと、台湾と日本の与那国島までは約１１０㎞の隔たりである。台湾から九州南端までをみると、一番南の日本領・与那国島、石垣島を含む八重山群島、宮古島、そして沖縄本島、さらに北へ与論島、沖永良部島、奄美大島、口永良部島、屋久島、種子島を経て鹿児島へつながっていく。その間で一番離れているのが、沖縄本島と宮古島間で２７０㎞である。環礁や小さい島をのぞいて、非常に概括的に捉えると、東南アジアの熱帯地方から大小の島や環礁がきれいにつながって日本列島まで布置している。一番離れているのが、せいぜい約２７０kmの沖縄本島と宮古島の間なのである。

平均して考えると、鹿児島大隅半島から台湾最北部までが約１０８４km、台湾最南端部からルソン島最北部までが約３７０km、あわせて約１４５４kmである。その間に人が居住している大きな島を約21とすると、平均70km行けば、次の島に着くという勘定になる。一番離れていて２７０kmなのである。生命が暖流に乗って日本列島まで北上することが困難であるとは、決していえないだろう。柳田國男が『海上の道』で述べている多くのエピソードは、こうした条件を考えれば簡単に頷ける。

10　豊饒な自然

日本列島に及んだ熱帯地方の影響は何をもたらしたのだろうか。端的にいえば、ヨーロッパとは比較できないほどの豊かな自然をもたらしたのである。その一つは植物であり、次は昆虫、虫であり、そして陸を離れると、海の豊かさであろう。

植物の代表の樹木を例に取ると、広葉樹や針葉樹の森が列島には茂っている。そのデータの一つ、「世界における日本の生物多様性」という官邸報告書には、次のように記述されている。

「国土における森林面積率は66％とフィンランド（69％）など北欧諸国並みに高く、イギリス（10％）、アメリカ（29％）など先進国の中では圧倒的に大きな値となっています。主な植生としては、南から順に、亜熱帯常緑広葉樹林（琉球列島、小笠原諸島）、暖温帯常緑広葉樹林（本州中部以南）、冷温帯落葉広葉樹林（本州中部から北海道南部）、亜高山帯常緑針葉樹林（北海道）が発達し、垂直的森林限界を超えた領域では、いわゆる高山植生（中部山岳と北海道）が成立して、それぞれに大陸と共通する植物種が多く見られます。」（13頁）

この解説からもわかるように、樹林のしめる面積は非常に広く、かつ樹林の中には、すでに触れた熱帯性のつる植物、シダ類、苔や地衣類などが日本列島にまで北上して生い茂り、身辺でもよく知られるようになっている。このように列島における植物の多様性は非常に著しく、ヨーロッパ、カリフォルニアの比ではないだろう。

文化論まで拡張すれば、日本庭園の美を構成するために、熱帯性の苔やシダ類をのぞいては考えることもできない。また、樹木の多様性の持つ意味は、わが国の秋の紅葉見物にみることができる。赤といっても深紅から淡い赤まで、銀杏の鮮やかな黄色から、褐色までも多彩なのである。まさしく樹木の種類の多さを如実に映し出している。

もう一つ加えれば、雑草との戦いの源泉である温暖湿潤な日本列島の気候は、樹木の再生を非常に早めている。ちなみに、伐採されて切り拓かれた山腹や野原も、種子が飛んできて定着すると、知らないうちに樹木が成長しはじめて、もとの樹林に次第に戻っていく。

ヨーロッパ大陸は、その昔、樹林に覆われた大陸であったといわれる。しかしながら、切り拓いて広大な放牧地やフィールドにかえてしまったのが人間であった。これが、今日みられるヨーロッパ大陸の光景であろう。春から秋にかけて、乾燥気候が支配しているために、いったん樹木を切り倒してしまうと、よほど人間が保護しない限り、樹木は自力で種子から森林地帯を回復することは非常に困難であろう。もう一つ加えれば、官邸報告書はシダやつくしに代表される維管束植物をヨーロッパと比べている。日本と同程度の面積のドイツ（約35万7千㎢）の場合、２６３２種であるのに対して、日本は二倍以上の５５６５種で多様性がある、と述べている。

昆虫や虫は次項で述べるとして、豊饒な海については、ヨーロッパと対比して半世紀以上も前に述べているのが和辻哲郎であった。彼の『風土――人間学的考察』（初版１９３５、改版１９７９）を引用することにしよう。

「自分はこれだけを見てからやっと地中海が何であるかに気づきはじめたのである。これは海ではあるかも知れぬが、しかし黒潮の流れている海とは同じものではない。黒潮の海には微生物から鯨に至るまで無限に多種類の生物が生きている。しかるに、地中海は死の海と言ってよいほどに生物が少ない。黒潮の海は無限に『豊饒な海』であるが、地中海は『痩せ海』である。地中海が荒涼な印象を与えたことは決して偶然ではなかった。それはいわば海の砂漠である。それは本来『海の幸』が乏しい。

従って、地中海沿岸地方に漁業や魚食が発達しなかったことはきわめて当然なのである。旅行者にとっては、マルセーユやヴェネチアの魚料理は印象の強いものであるが、しかし、この『二つの町のみ』が地中海での例外であることを忘れてはならない。

というのは、ヨーロッパから地中海へと流れ込む河らしい河は、マルセーユの傍のローヌ河とヴェネチアの傍のポー河とのみであり、そうしてこれらの河口に近い海のみが魚類にとって食物の豊かなところだからである。

海とあれほど親しかったギリシャ人が主として獣肉のみを食ったということは、右のごとく見れば理解しやすくなる。それに比べれば我々の海は黒潮に洗われるのみならず、また無数の河口から不断に栄養物を受取っている。だから我々の島国が一つの大きな魚床として世界に比類なき漁場となるのも無理はない。」（81〜82頁）

ヨーロッパを観光旅行した人々の言である。「地中海の海は非常に清んでいて美しいの一語につきる。また、夕日にもそう感じ、日本で味わえない感覚だった」、というのである。和辻の言葉を借りれば、「痩せた海」、死んだ海の何もない美しさ、透明な色が現われている、ということなのであろう。もう一つ加えれば、抜けるような空の青さ、紺碧の海の色は、まさしく湿度のない乾燥気候を如実に表わしている。

われわれ自身の体験の中にあるのが、日本の海辺、浜に行くと強烈に感じるあの特有の「臭い」である。世界のどこの浜辺にもある普遍的な海の臭いだと思いきや、イタリア、フランスの地中海海岸にも、オーストラリアのビーチにもない。

具体的にいうと、日本列島の沿岸はプランクトンなどの浮遊生物、海底に着床して育つ海藻類、浮遊する藻などの種類が圧倒的に多いのである。食用の海藻はその一種類にとどまる。

海藻とは海の野草であり、その野草の一部を田畑のねぎ、白菜、菊菜と同じように、食料として活用する文化がいつの間にか列島の人々に根づいたということである。つまり、日本人にとって、岸辺に近い海とは、野菜畑と同じだということだろう。そして海岸とは、漁業はいうまでもなく、暮らしていくために海藻を処理する仕事場にかわっていったのである。港はもちろん漁業のためにあった。海藻を食料にしないヨーロッパやアメリカの人たちは、別の食習慣を発達させて、海辺や浜はレクレーションや遊びの場所になっていった。ヨットハーバーはその象徴だろう。いずれにしても、暖流、黒潮の流れと密接に結びついた温暖多湿な日本列島は、豊饒な自然を生み出すとともに、西欧とは異なった浜辺や港の意味を発展させたのである。

11　生物多様性 ― 官邸報告書

先にも引用しているが、「世界における日本の生物多様性」（2002年3月27日、PDFファイル）というタイトルの下に、首相官邸は報告書を提出している。その報告書の中では、熱帯多雨林地帯は地球上の陸地の7％をしめるにとどまっているが、世界の昆虫の種類の40％から90％がこの熱帯地域に生息している、と述べている。そして、熱帯地方は生物多様性の核心地域である、とその重要性を強調している。

今日では、熱帯地域は生物の多様性を生み出し、発展させてきた地域である、と認識されるようになった。すると、熱帯地域と暖流で密接につながっている日本列島に、昆虫や虫の種類が非常に多いのは理解されるであろう。日本産昆虫目録データベース（1989、1990）によれば、20年あまり前には、2万8937種が記録されている。しかしながら、現在も新しい種類が発見されつづけて、3万種以上にはなる、と推定されている。熱帯地域を中心に今日も昆虫や虫の種類は発見されつづけている。

海外からの訪問者、特に、ヨーロッパやアメリカからの訪問者の中には、日本の昆虫、虫に強い関心を抱いている人たちもある。いくつかそのエピソードを示そう。

「夏になると、あぶら蝉、つくつくぼうし、みんみん蝉などいろいろいて、鳴き声を聞くのがたいへん面白い。つくつくぼうしの鳴き声を聞いたときなど、はじめは鳥だと思った」

「カマキリが空を飛んでいく様子など、日本でしかみることができないね、へんな飛び方で関心を持った」

「恐ろしかったのは2センチをこえる大きなゴキブリがいることだ。逃げ足が速いし、空も飛ぶんだよ。私の国のゴキブリはハエを少し大きくしたほどで小さい」

「カブトムシは強いし、たくましい感じがする。子どものときに、あんな昆虫がいるとよかったな〜、日本の子どもは幸せだよ」

「ムカデは大きいし、気持ちが悪いね」

「蝶はいろいろいて美しいと思った、小さい蝶はかわいいし、大きな蝶もすばらしい」

「トンボや蜂は怖い感じがするね。クモも小さいクモから大きいものまでさまざまだ。種類が多いね。こんなにさまざまな昆虫がいると、昆虫採集を趣味にする子どもがいるのもわかる感じがする。」

このようにヨーロッパやアメリカの人々は日本の昆虫、虫に興味深い反応を示すのに対して、東南アジアの人たちはまったく驚かない、身近な生き物と感じている。

欧米と対比するとき、日本列島は生物多様性に非常に恵まれている実態が浮かびあがる。つまり、熱帯アジアと日本列島との不断のつながりがその背後にある、ということだろう。所かまわずさまざまな雑草が生い茂るのは自然の成り行きであるが、特に農作業に従事する人たちは悩まされつづけてきたのであった。とはいえ、野草との日常的なつきあいが、働き者、勤勉性という日本人の貴重な資質を形成したことは忘れてはならないだろう。

12　海底の豊かさ

豊饒な自然は海にも通じている。よく知られているのは、世界三大漁場という言葉であろう。世界には非常に多くの漁場があるが、その中でも漁獲量が多くて優れた漁場を特に三つあげて、世界三大漁場と名づけてきた。学校の社会科教科書の中にも取りあげられていて、知っている人は非常に多い。

一つはヨーロッパでイギリス・スコットランド、アイスランド、ノルウェー沖である。もう一つはアメリカの東海岸沖、そして最後は日本近海で三陸沿岸や北海道までである。主な特徴は、どの漁場も暖流と寒流のぶつかっている海域ということになっている

日本沿岸は、暖流の黒潮と寒流の親潮が三陸沖や常磐沖合いで交差している。暖流とは熱帯地方の影響を受けて流れてきた海流である。黒潮が熱帯に由来する動植物をたくさん運んでくることはすでに述べた。その上に、日本列島が温暖多湿であり、春以降になると、ヨーロッパ大陸の三～四倍以上にもなる降水量をもたらす。これだけの水量が、全国に散らばっている河川により、平野を通って海へと流れ下っていくのである。

森林地帯、平野の植生は単純ではない。さまざまな樹木、野草、種子などでいっぱいである。また、そ

うした植物を食べる昆虫や虫の種類も多種類にのぼっている。こうした多様な動植物に由来する栄養源が河川を通じて海へと常に注がれている。よく知られているのは、まずは動植物性のプランクトンが、それら栄養源を餌にして、河や近海で発生し成長する。すると、今度はプランクトンを餌にする小魚や貝類、その他の小動物が大きな恵みを受けて、育つということである。

この食物連鎖がいくえにも重なって、一番大きな鯨にいたるまで、さまざまな種を生きながらえ繁栄させる諸条件を日本近海は容易に備えることができたのであろう。餌が豊かにあれば、海が豊かな漁場になることに、何の不思議もない。

三大漁場は漁獲量によって決まっている。ということは、成魚になる以前の幼魚が非常に多いということであり、そしてまた、幼魚の育つ条件が豊かに備わっている、ということでもあろう。幼魚が容易に成魚になるための必要な生育環境とは、いったい何だろうか。大きくは次の二つになる。一つは幼魚の成長に不可欠な栄養源のプランクトンが十分に供給されていることだろう。日本近海は十分その条件を備えている。

もう一つは成魚になるまでの間、幼魚を慈しむ生育環境が整っていることであろう。すなわち、餌は十分にあっても、大きな魚に容易に襲われるような環境では、成魚にまで育つことは不可能なのである。孵化した幼魚が自立して育っていける海の環境条件とは、まさしく海底に植生している海藻、海に流れる藻などが豊かに存在することである。幸いに日本の海は、そうした生育条件を完備している。

日本列島の複雑な海岸線はわれわれにとっては観光地として非常に魅力的な資源であった。しかしながら、湾や入り江の多様な景観から目をそらして、今度はその海底を調べてみると、さまざまな海生植物の林が育っていて、成魚の産卵はいうまでもなく、幼魚にも安全に成長できる保育環境を提供していることはいとも簡単にわかるだろう。

たとえていえば、海岸に隣接する海底とは、海藻を食する日本人にとっては、雑草と戦う田畑と同じようにみえるだろう。しかしながら、幼魚にとっては、成魚にまで成長するための安全な住まい、幼稚園や保育園ということができる。三大漁場とはこうした豊かな海底という基盤があって、はじめて生まれたものなのである。陸上で繁栄する雑草、野草は対峙すべき困った存在であるが、海の中のさまざまな植物は、人々の自覚しないうちに、大きな恵みを与えてきたのであった。

第4章　新しい時代の勤勉性

1　時代はかわる

明治のはじめに8割をこえていた農鉱業従事者が、その後は低下の一途をたどり、昭和22年には農業人口が総人口のうちで過半数を割って、平成21年、２００９年には４％台まで落ちたのである。概括すれば、多くの人々が第一次産業に従事していた時代から、第二次産業、第三次産業の職場で働き、暮らす時代に大転換した、ということである。高度成長期以降になると、ほとんどの人々の働く世界が大地を離れて、工場やオフィスの中に移ってきたことを意味している。

しかしながら、雑草との戦いがこの日本列島において低下することはない。列島の地理的位置に少しも変化はないし、高温多湿の気候に若干の温暖化が加わっても、本質的な変化は何も起きていないので、あたり前であった。都市化が全国規模で進んでいって、野草と直接にかかわることが少なくなったにせよ、現に堤防や道路脇、公園、耕作放棄地、空き地などに草の生い茂っている様は、昔と少しのかわりもない。

今日、雑草と対決している人々は、わずかの専業や兼業農家に加えて、除草専門の職業人か環境保全課の公的部門など、特定の専門家に限られるようになっている。その代替のために、現代では非常に多額の野草対策の経費を知らないうちに負担しているのである。このように一般の人々が日常的に対処することが少なくなると、われわれの内面から草という言葉が、いつの間にか薄れていったとしても不思議ではない。

実際をみるとより確かになる。

先にも述べたように、土地のまったくないマンション住まいの人に、雑草と戦うという意識を理解できないのは当然だろう。とはいえ、庭つきの住宅で暮らすと、野草とのかかわりが生まれてくる。しかし、それは「かかわり」であって、戦いというにはほど遠い。それでも庭に生える草に手を焼くことはしばしば起きるだろう。ちなみに、旅行に出かけて、一週間も家を空けると、いつの間にか野草が空いた地面を埋めつくしている。

しかしながら、野菜づくりが趣味で、多少の田畑を耕している人は、確実に雑草との戦いを実感している。休みの土曜日、日曜日にも田や畑に出かけ、地面に腰を下ろして雑草を抜かなければならない。なかなかの大仕事なのである。趣味で野菜づくりをはじめた人が、戦いに敗れて休耕になった田畑は決して少なくない。街を少し離れると、野草にしめられた休耕田をみることは多いだろう。

現在も雑草との戦いは依然としてつづいているが、一握りの人々に限局されているのが実態だろう。産業構造が完全にかわってしまった二十一世紀の都市化した生活においては、雑草とのかかわりを基礎に据えた勤勉性形成の仮説、すなわち、基盤モデルを実感することはむずかしいだろう。としたら、基盤モデルが機能し、かつ現代においても、働き者の日本人をしっかりと育成していることを示すことが、本章の課題になる。

2　二つの世代 ―― 昭和三十年代（1963）

図4-1は前にも引用した独立行政法人・統計数理研究所の「日本人の国民性調査」のデータを借りて作成したものである。昭和30年代（1963）の面接調査は、当時二十代と六十代の人々が、日本人の望ましい資質、性格をどのように判断していたのか、10個の性格表現の中から好きなだけ選んでもらった結果である。

若い二十代では、一番多かったのが「ねばり強い」であり、僅差で「勤勉」が次につづき、少し離れて三番目に「礼儀正しい」を選んでいたことがわかる。対して、高齢の六十代の人々は、「勤勉」を一番に選び、「ねばり強い」、「親切」、「礼儀正しい」の順序に選択していた。

40歳という年齢の開きはあるが、評価される日本人の望ましい資質、性格について、全体の傾向としては、二つの世代でほとんどかわりはない。強いて違いをあげれば、二十代が六十代より「ねばり強い」を高く評価していたことであった。

1963（昭和38）年に六十代であった人たちとは、1893（明治26）年から1903（明治36）年の間に生まれている。彼らの青年期は、まだまだ第一次産業社会が中心をなしていた。それに対して、若い二十代の人たちは、1933（昭和8）年から1943（昭和18）年の間に生まれた人たちであった。戦後になって、第一次産業社会から第二次産業社会に次第に移行しはじめる転換期にあったものと考えら

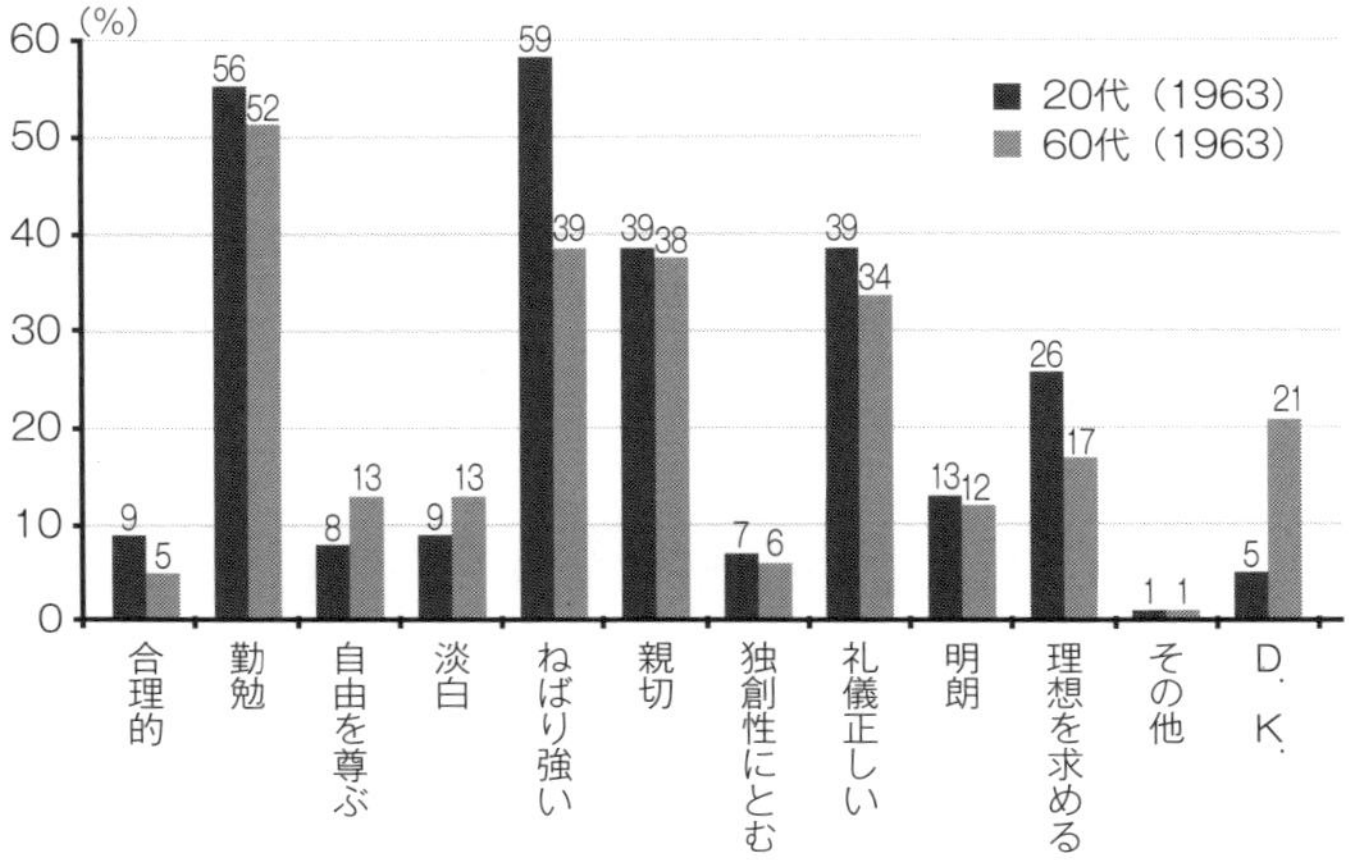

図４－１　二つの世代の国民性比較（1963年「日本人の国民性調査」）

れる。彼らの青年期は農業人口が総人口の50％を切るか切らないか、という日本社会の移行期にあたっていた。

たいへんに興味深いのは、産業構造のすさまじい転換が起きていて、農作業、すなわち、雑草との戦いが次第に低くなっていく過程にあるにもかかわらず、日本人の勤勉性に対する評価が一貫してトップの地位をしめていることであった。すなわち、40年という年齢差、半世紀近い間に起きたであろう社会変化の影響力の違いをまるで感じさせない人々の応答傾向が、この結果から読み取れるのである。

雑草と直接対決する中で、地道な働き者が高く評価され、勤勉性が育つようになった、というのが基盤モデルの仮説であった。しかし、野草と日々対決することなく、直接の影響力が低下しているにもかかわらず、なお世代間に勤勉に対する評価の違いはみられず、影響力は依然としてとどまっている。これはどのように起きているかが問われなければならない。

3　検証――二十一世紀（２０１３）

図４−２は、先の調査から半世紀後の２０１３（平成25）年に行われた最新の「日本人の国民性調査」の結果の一部を示したものである。前項と同様に、二十代、六十代を比較分析することにしよう。現代の二十代とは、１９８３（昭和58）年から１９９３（平成５）年までの間に生まれた人たちである。また六十代とは、１９４３（昭和18）年から１９５３（昭和28）年までの間に生まれた人々で、この中の特に戦後生まれの人には「団塊の世代」という呼び名があった。

若者グループである二十代とは、日本の経済活動が世界規模で展開されるようになり、人間形成の国際化が叫ばれた時代に生まれ育った世代である。雑草との戦いはまったくないし、農作業も経験したことはほとんどないだろう。草とのかかわりという原体験がとぼしい彼らに、先の基盤モデルの直接的な影響力を想定することは不可能なのである。としたら、彼らに勤勉をもっとも大切な資質だと評価させたのはいったい何か、その判断に影響を与えた要因がテーマになるだろう。

六十代の人たちは、戦時中生まれの人もあるが、戦後の復興期に子どもの時代をおくり、少しは農作業の体験があったのかもしれない。都会住まいでなければ、青少年期に大人の仲間に入って手伝い、草取りをした体験もあるだろう。そして大人になると、高度成長期のまっただ中を生き抜いて、いまは第一線を退いている人も多い。

グラフの結果は前項と同様に、ここでも一目瞭然であった。

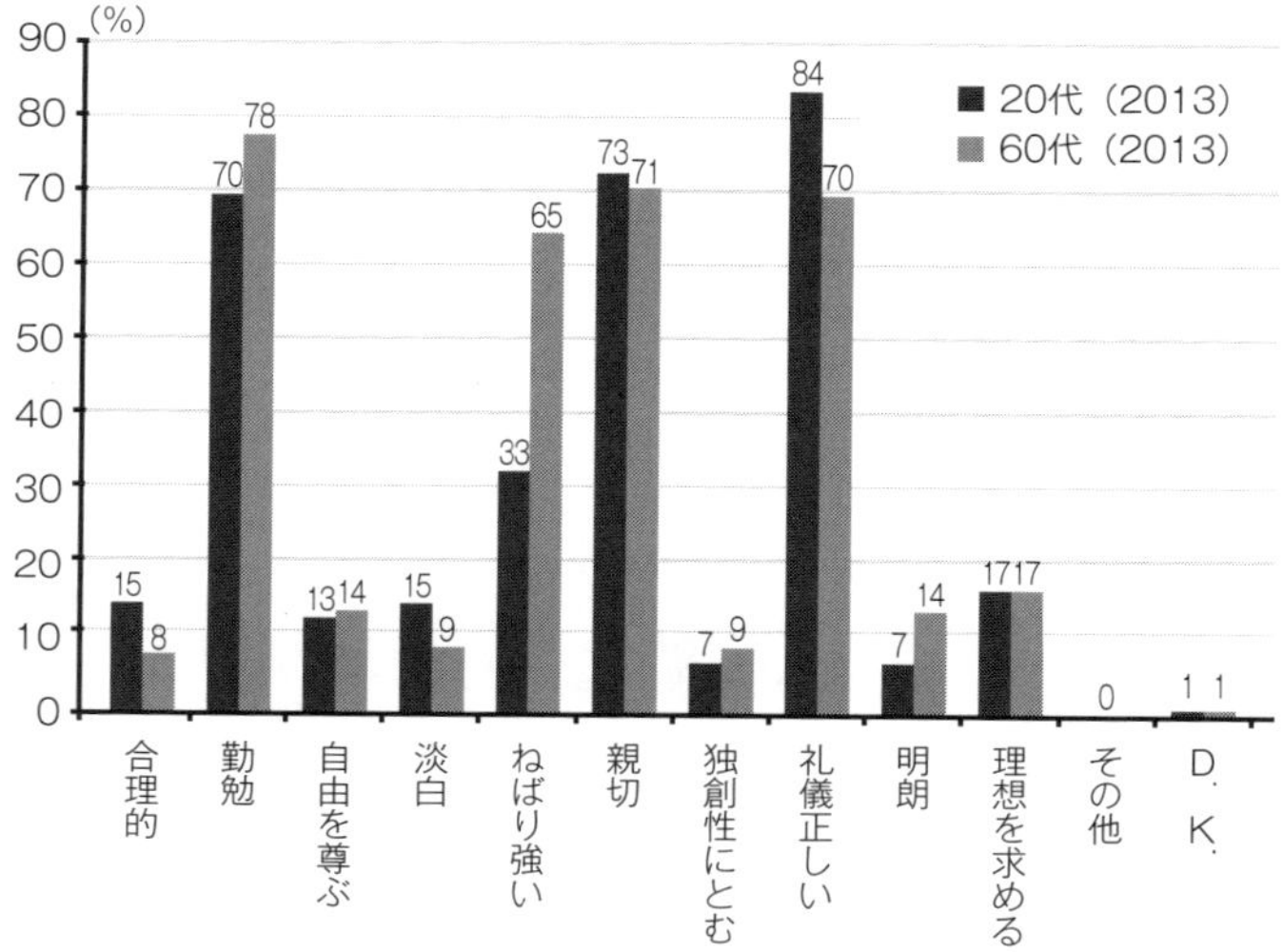

図４－２　二つの世代の国民性比較（2013 年「日本人の国民性調査」）

全体の結論は、日本人の望ましい資質に関しては、二つの世代にほとんど差異はみられない。「勤勉」、「ねばり強い」、「親切」、「礼儀正しい」が相対的に高く位置づけられている。異なるところがあるとすれば、「ねばり強い」であろう。２０１３年のデータでは、六十代が高い評価をしているのに対して、二十代は低く抑えている。それでも第四位に選ばれている。

ただ、半世紀前と比べると、「ねばり強い」の評価が二十代と六十代で逆転している。「ねばり強い」について、二つのデータともに、年長者グループは一貫して高く位置づけているのに対して、若者グループでは半世紀前は非常に高く評価していたが、二十一世紀になると、相対的に下げているところは着目してよい。

「勤勉」という資質の評価に関して、時代や社会に大きな隔たりがあるにもかかわらず、二十代も六十代も一貫して日本人の望ましい資質、性格として高得点を与えていた。大きな社会変化が起きたにもかかわらず、日本人の勤勉性に対する判断は、どのように一貫して維持されているのか。前世紀後半から二十一世紀の現代にかけて、基盤モデルを支えてきた「雑草との対決」という社会的状況は、明らかに後退してきたのである。としたら、基盤モデルから矛盾なく説明できる論理的枠組みを考えなければならない。

4　メタ認知の働き

ここでメタ認知（meta-cognition）を詳しく解説することにしよう。多くの人たちが都市に住んで、雑草と日常的に対峙することがなくなった現代社会において、われわれの勤勉な生き方、働き方の背景を説明する根拠になるからである。近年、認知という言葉は、認知症を筆頭にして多くの人々の口の端にのぼるようになったが、心理学では、人間あるいは動物が感覚器官を通して情報処理するプロセスにおいて、内面にすでに存在する知識と関係づけて、知覚したり、記憶したり、解釈したり、判断するすべての処理活動を包括する概念として使われてきたのである。別の言葉でいえば、知覚、記憶、思考、判断、想像、推理などは、どれも認知の非常に重要な機能を担っているといえる。広くとれば、内面における知的な働き、考えることである、といってもよい。

人間の感情、情動とともに、認知活動を研究してきたのが心理学、なかでも認知心理学であった。その他の領域としては、言語学や情報科学、工学、脳科学などでも、見逃せない非常に重要な研究領域になってきている。ちなみに、動物学者も動物の認知活動を追求しているが、特にわが国で盛んなサル学の研究成果は、人間の理解に大きく寄与するようになっている。

認知活動の一例をあげると、目の前の具体的な問題、テーマを対象にその解決に取り組んでいる思考は典型的で、ちなみに、児童生徒や学生は試験問題を解くために考えている。内面ではさまざまな活動が起きるだろう。過去に類似の問いに答えた体験を思い出したり、直接の関係はないが昔使ったことのある考え方を応用できないか検討したり、前者は記憶の再生であり、後者は類推に相当している。

この認知的活動はかつて帰納的思考と演繹的思考に大別されてきた。前者は個々の具体的な問題、テーマに取り組んで解決をめざし、応用可能な一般原則、ルールを見出すような思考様式であった。対して後者は、内面にある原理、原則、ルールを適用するような認知的活動である。認知心理学の概念では、ボトムアップとトップダウンという二つの概念があてられている。どのような概念を使っても、現実の問題解決活動をつぶさにみると、両者が実際は渾然一体となって働いていることが明らかになる。二つの区分は概念的分類にとどまっている。

メタ認知とはこうした具体的問題解決の思考様式そのものではなく、実際、われわれが考えている間に起きているモニター活動である、と捉えられている。すなわち、人間は問題、課題を目の前にして、さまざまに取り組んでいるが、モニター活動であるから、意識するしないにかかわらず、目前の思考活動を対象にして、もう一つの目が眺め、監視しているのである。

思考の進め方、取り組み方が適切なのかどうか、円滑に進んでいるかなどを、内面に蓄えられた思考体験という経験知がたえず検討、判断しているのである。すなわち、記憶したり、考えたり、理解したりする現在進行中の具体的な思考活動を対象にして、過去の考える体験に照らして、さまざまな角度からモニ

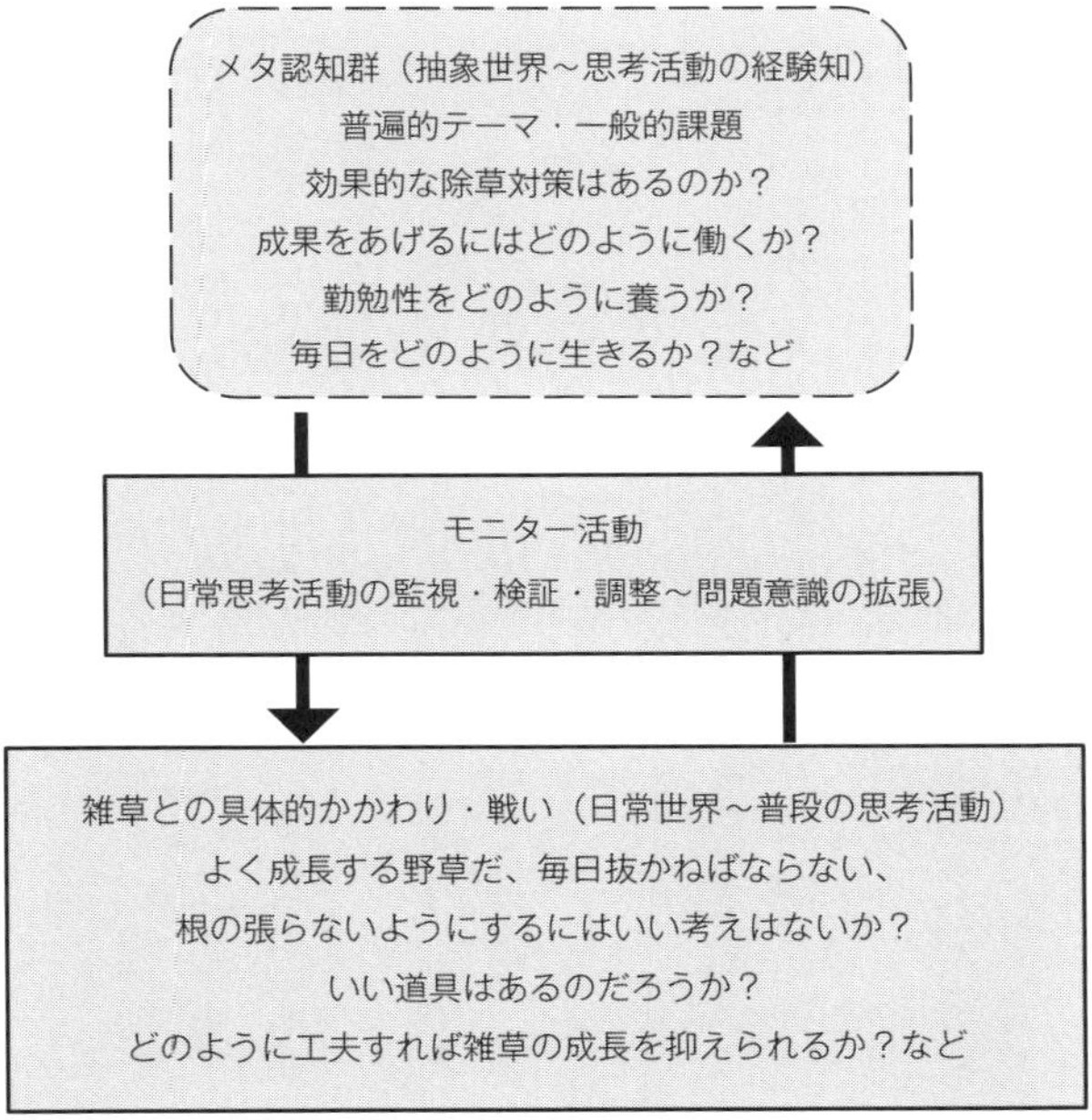

図４－３　メタ認知の機能

ターし、監視・分析・検証している。このモニター認知活動それ自身は、高度な知的活動なので、従来からメタ認知という概念があてられてきたのであった。

　繰り返せば、どのような具体的な問題解決、思考活動に対しても、実はもう一つの内面の目がモニター、監視している、ということなのである。その意味では、メタ認知とは緻密な思考活動を維持するための高次な知的活動であると捉えることができる。

　ボトムアップとトップダウン、帰納的思考と演繹的思考が概念的分類にほかならないことは先に述べた。それと同様に、現実にものを考えるという行動と、この問題解決活動を眺めるという高次なメタ認知活動とは、その実態は不可分に一体化されているということだろう。渾然一体となって思考活動は進んでいる、切り離せない、というのが現実である。

すなわち、何が起きているかというと、われわれは、目の前の具体的で実際的問題、テーマを解いていると考えているが、実際は直接関係しないメタ認知活動が、意識するしないにかかわらず入ってきて、当初の問題意識は思いもよらぬ方向に発展し、より普遍化、一般化していくということも起きているのである。すなわち、人間が目にするもの、手にする思考の所産とは、さまざまなメタ認知活動を反映した普遍化、一般化した成果にほかならない。

それを図で具体的に表わせば、図4－3になる。問題解決活動のスタートは、日常生活における雑草との対決、除草活動であろう。温暖多湿の環境条件下で、日々成長してやまない野草にどう対処するかが、基本的な問題意識であった。この問題に対して、休まずに毎日、雑草を抜いたり、道具を工夫して仕事を容易にしたり、暑くならない暗いうちから出て働いたり、種子のできないうちに除草したり、深く根が張らないようにしたり、いたるところに種が飛び散らないようにコミュニティーで一致協力して除草したり、さまざまな除草の工夫、知恵がこめられているのである。

メタ認知が関与すると、日常の除草活動は発展すると同時に、問題意識は拡大して、それらを包摂するような普遍的、一般的な見方・考え方、信念に拡張していくのである。すなわち、雑草との戦いという働き方を含んだより一般的な働き方、勤労の仕方、考え方・生き方へと、当初の問題意識は広がっていくのである。

表現をかえれば、内面にもともとあった普遍的、一般的な問題意識が、メタ認知活動を介して除草という当該のテーマに働きかけて、具体的な思考活動を左右するとともに、今度は反対に雑草対処から逆流してきて、メタ認知の新たな拡張が生まれるということだろう。問題意識の普遍化、一般化はその所産、典型例なのである。図4－3から具体的にいえば、「効果的な除草対策はあるのか、どうすれば成果のあがる対処法があるのか、働き方・暮らし方をどのように工夫すればよいのか、成果をあげるには勤勉でなければならない、どのように養うか」などの問題意識が、新たにメタ認知の結果として誕生することになる。

5　勤勉性のメタ認知群

基盤モデルの社会では、収穫をあげるため、人々は雑草と対決して暮らし、勤勉に働くことを身につけたと述べてきた。人間の面白いところは、優れた大脳を持っているために、足元の現実をこえて、問題意識を抽象化し、一般化できることである。ヒトという種に本来備わっている高次思考能力の所産なのである。列島に生きた人々は、雑草と戦う過程で、この能力を適用し、「一生懸命に努力する、まじめに働く、勤勉に生きるとは何か」という本質的問いにめざめ、その意味を明らかにしよう、としたのであった。日常のテーマを自問自答し、普遍的で一般的な意味、意義を見出すことに成功したのは、人間の高次の認識であるメタ認知であった。この認知能力を使って、人々は叡智を創造し、いつの間にか勤勉性という土着思想さえも誕生させたのである。一生懸命に働く現代日本人を支えている力とは、まさしく抽出された勤勉性についての「メタ認知群」なのである。

雑草との戦いという生活に密着した基盤モデルを仮に一番底の「下位層」としよう。するとその上に、メタ認知が創出した勤勉性の「上位層」を載せることができる。現代日本人の勤勉性とは、上位層と下位層という二重構造によって支えられている。

上位層と下位層の関係は、たとえていうと、基盤モデルという下位層の「海」の上に、上位層のメタ認知群という「船」が浮かんでいるイメージである。この船の上部甲板には、たくさんの「船室」があるとしよう。仮に船室を社会的な「組織」とすると、その船室にわれわれは通い、勤めている。住んでいるのもこの船であろう。

今日、人々の職場における働き方、勤勉な生き方を直接に左右している要因とは、一つは身近な船室、働いている職場組織のあり方であるのはいうまでもない。具体的には、個々の企業や公的機関、その他の多様な社会的組織での働き方である。

強調したいのは、大海に浮かんでいる巨大な船、勤勉性のメタ認知群という上位層である。空気のような存在である勤勉性のメタ認知群に対して、われわれはどれだけ強く意識しているだろうか。深く理解していないのが実態ではないだろうか。これが現代日本人の勤勉性を理解する鍵になる。

図4－4から基盤モデルに乗っている上位層の船の名前を、仮に「勤勉文化」としよう。一生懸命に働いた人々がメタ認知の力で進水させたこの船には、勤勉な生き方、働き方を促すメタ認知群、卑近な言葉でいうと、知恵、叡智、ノウハウがたくさん積みこまれてきたのである。この勤勉文化の積荷がまことに多彩であることを知ると驚くに違いない。

誰もがよく知る勤勉奨励のメタ認知群の第一は、「諺」である。

「勤勉は成功の母」「石の上にも三年」「人事を尽くして天命を待つ」「苦学力行」「蛍雪の功」「粉骨砕身」「七

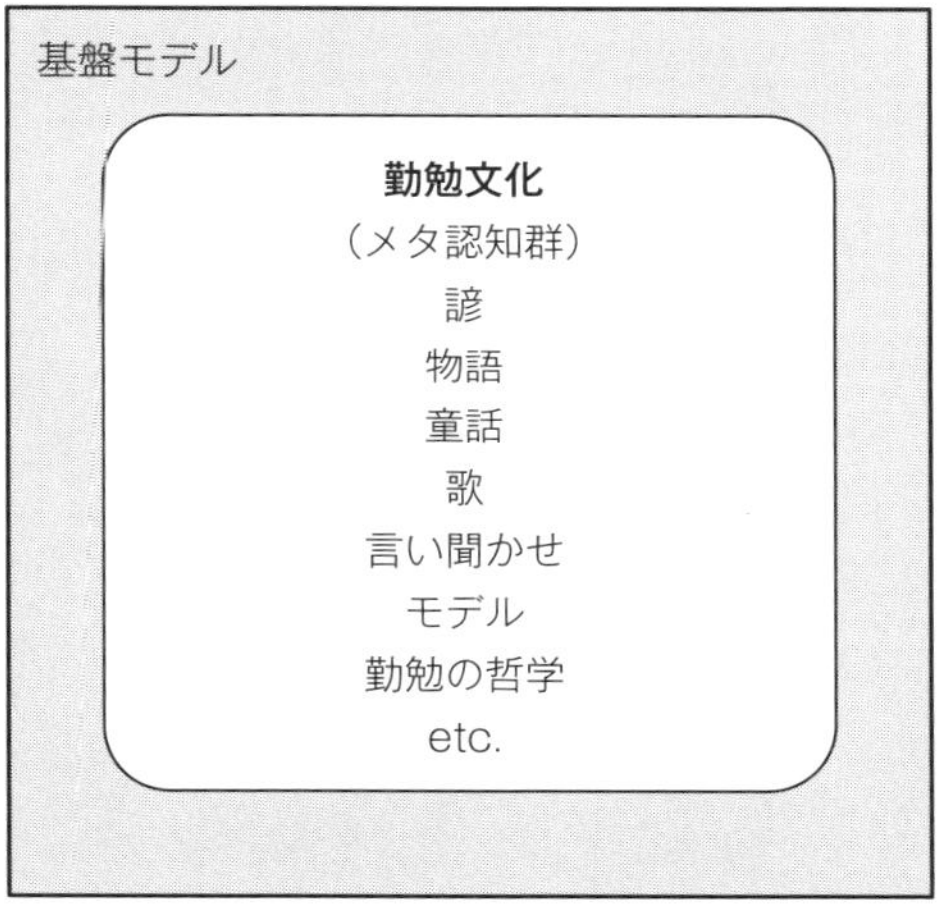

図4－4　勤勉性の上位層

転び八起き」「学問に王道なし」「精神一到何事か成らざらん」「為せば成る、為さねば成らぬ何事も」「一意専心」「有終の美を飾る」「一念岩をも通す」「勤倹貯蓄」など、次から次へとあがってくる。

普段の暮らしの中で、こうした諺をしばしば目にしているのである。諺が耳に入ると、勤勉な生き方を思い出して、多くの人は頷くだろう。意識はしないが、手を抜くのをとめるかもしれない。影響力は働いているのである。

第二は「ストーリー」「物語」「ドラマ」の範疇である。大きな感動を視聴者に与えて、たいへんな威力を持っているメタ認知群である。優れた勤勉文化のストーリーに毎日鼓舞されているのが現代の日本ではないだろうか。

第1章で取りあげたNHKの『プロジェクトX――挑戦者たち』は、日本人の勤勉さを象徴的に示すものとして話題になった優れた物語であった。励まされた視聴者も非常に多く、日本中を元気づけたのであった。また歌われた主題歌も同様であったろう。もちろん、その他の数々のドラマ、文学作品を数えることができるし、海外で非常に評判になったストーリーもあるだろう。意識はしないが、勤勉文化の大切な財産である。

子ども向けのストーリーは「童話」である。

すぐにひらめくのは、イソップ物語「アリとキリギリス」であろう。夏の間一生懸命に働いて、冬のために蓄えるアリ、バイオリンを弾き、歌を歌って楽しんでいるキリギリス。将来の危機に備えないキリギリスの困る話であった。幼少時から耳目に入り、まじめさ、勤勉性をわかりやすく教えている。学校や家庭はこうして勤勉文化をたえず子どもたちに吹きこんで、生きる意味を伝えている。非常に優れた資産に恵まれている。

第三は学校に関連して「歌」もテーマになる。

学校では「仰げば尊し」が、明治17（1884）年に発表され、わが国では卒業式の定番として歌われてきた。歌いながら涙し、頑張ろうと決意した人もあったろう。二番の「やよ　励めよ」は、一生懸命にまじめに生きようと語っている。しかしながら、戦後になると、立身出世と結びつけ、また文語表現もあって、一時期は遠ざけられたという。その他には、昔は旧制高校の元気の出る寮歌から、最近は身近な歌謡曲にいたるまで、たくさんの勤勉文化があって、人々を励ましつづけてきている。

海外ではフランク・シナトラやエルヴィス・プレスリーの歌った世界的なヒットソング「マイウエイ」である。その歌詞をよくみると、西洋の典型的な個人主義的勤勉文化が歌いあげられている。

第四の範疇には、人々が期待をもって眺める「モデル」があるだろう。

マスコミが熱心に取りあげるスポーツ選手、注目される芸能人、輝かしい受賞者などは一番わかりやすい。いつの時代にも花形選手、注目の的はいたのである。また現代日本はそれを生み出しつづけている。面白いのは、その取りあげ方ではないだろうか。才能、業績もさることながら、注がれた地道な努力やねばり強い姿勢を称賛する「勤勉性のストーリー」が熱心に語られることである。

身近な職場や学校にも、地域のコミュニティーにも、期待の星はあるだろう。モデルとみなされた当人は、一生懸命に努力しただけであり、模倣の対象となるために励んだのではないだろう。自分自身のために一生懸命に頑張った結果が、憧れた人々によってモデルに据えられたのである。こうしたモデルが周囲に及ぼす影響力は計り知れない。

第五のカテゴリーとして、一生懸命に職務に励む意味を分析し、論旨明快に「論理」として語った人たちもあった。勤勉の論理、宗旨、哲学とでもいえる領域である。

これをまとめたのが山本七平著『勤勉の哲学』（１９８４）であった。石田梅岩による『心学』の中には、プロテスタンティズムの禁欲倫理に優るとも劣らない主張があることを書いて、日本における資本主義の進展を支えた、と力説している。

もう一人あげるとすれば、鈴木正三の人生を描いた神谷満雄著の『鈴木正三――現代に生きる勤勉の精神』（２００１）であろう。鈴木正三は徳川の元旗本であった。しかし、その後は曹洞宗の僧侶に出家したのである。この世で生きるための職業生活が、そのまま仏の修業に連なっている、と庶民に説いて巡っている。

彼の一文を引用すれば、「農業則ち仏行なり」として、「一鍬一鍬に、南無阿弥陀仏、南無阿弥陀仏と唱え、一鎌一鎌に住して、他念なく農業をなさんには、田畑も清浄の地となり、五穀も清浄食と成て、食する人、煩悩を消滅するの薬なるべし」と述べている（鈴木鉄心編『鈴木正三道人全集』山喜房仏書林、1975、68〜70頁）。

本文の意味は実に明白で、「南無阿弥陀仏と唱えながら農作業をしなさい」、そうすれば、邪念もなくなり、田畑からは「雑草も一掃」されて収穫もあがるだろう、と語っている。「田畑も清浄の地となり」という文言は、雑草との戦いに負けることはない、と勇気づけている。

彼の念仏が唱えるように、江戸時代初期、雑草との対決で庶民の苦労していた様がしのばれて、興味深い一節になっている。一番の下位層にある勤勉性の基盤モデルを素材にして、宗旨にまでも抽象化したメタ認知の最高傑作といえる。

以上の例でみてきたように、「勤勉文化」は非常に多種多様であり、現代日本社会にしっかり根づいて、新たに再生産されつづけている。一つ一つを眺めると、一見ばらばらに思えるかもしれないが、勤勉な生き方、暮らし方を強調しているところでは、まったくゆらぐことのないメッセージ、信念に貫かれている。別のたとえをいえば、「勤勉文化」という目にみえないピラミッドが、人々の心の真ん中にそびえ立っていて、まじめで懸命な働き方、生き方を導いている。これが表には出ない現代日本の姿ではないだろうか。

6　換骨奪胎

メタ認知が生み出した勤勉文化は、すべてが国内で創出されたものではない。この列島の人々は、海外からは自分たちにマッチした勤勉性を積極的に取りこんで、メタ認知を使って土着思想として融合させ、充実・発展させることに努めてきたのであった。

その代表例は、第1章で触れた中村正直が翻訳したS・スマイルズの『西国立志編』（明治4年、1871）である。明治時代、本書は百万部以上を売りあげ、ベストセラーになったばかりでなく、教科書にも載って、当時の人々に大きな影響を及ぼしたことは先にも述べた。雑草と戦うのは自分の他にないという体験から、当時の人々は自助《セルフ・ヘルプ》の意味などは、すぐに納得したであろう。多数の読者をえたという事実は、彼の語った勤勉性が肯定的に受けとめられた証左ではないだろうか。

海外の書籍が受容される過程はわかりやすい例ではあるが、外国の諺、慣用句などの例もたくさん入ってきている。青少年や高齢者になじみの文言には「蛍雪の功」がある。中国、晋の時代、官吏をめざした二人の青年が、夜、本を読んで勉強するため、夏は蛍を冬は窓辺の雪を灯りとして勉学したという故事と、スコットランド民謡を巧みに融合して、わが国の代表的な歌さえも創作してしまったのである。卒業式の定番「蛍の光」ほど、誰もが口ずさめる曲は少ないだろう。二つの外国文化をみごとに結びつけて換骨奪胎し、日本の勤勉文化を豊かにした象徴的なケースである。

イソップ物語は、江戸以前に宣教師を通して日本に入ってきたものが、江戸の初期には『伊曾保物語』として出版されたという。「アリとキリギリス」の童話は先に示したが、同じ並びでは、「うさぎと亀」の童話もある。足は遅いが着実に努力した亀に、足は速いが自信過剰のうさぎが負けるお話である。明治時代、初等科の国語教科書に掲載されて、子どもたちが学ぶようになり、油断大敵、地道に努力することを、印象の強い物語として説き聞かせている。

興味深いところは、明治・大正期の作詞家、石原和三郎が「うさぎと亀」のストーリーを土台にして、「もしもし　かめよ　かめさんよ　せかいのうちに　おまえほど　あゆみの　のろい　ものはない　どうして　そんなに　のろいのか」という誰もが知っている童謡を作詞したことであった。これなども西洋文化を巧みに換骨奪胎して、地道に努力するという教訓を、幼い子どもに効果的に伝えることに成功した面白い試みだろう。

翻訳やイソップの童話が勤勉に生きる意味を言葉で説いているとしたら、それを実際に鍛える「道場」も積極的に創りあげてきたのであった。その代表例は海外から入ってきたスポーツであろう。いろいろな例をあげることはできるが、ベースボール、つまり、野球はもっとも興味深い事例の一つである。ベースボールはもともとイギリスの球技だといわれるが、アメリカ人が明治のはじめの頃に日本に伝えたものであった。

何時の頃から「野球」にかかわったか定かではないが、よく知られたエピソードは、俳人、歌人として有名な正岡子規である。彼は野球が大好きで、一生懸命に打ちこんでいた。進んで選手になり、主として捕手を守っていたという。そして、新聞にはベースボールを詳しく紹介し、ルールなどを解説して、その面白さを一生懸命に伝えようとしていたのであった。

正岡子規はいくつものベースボールの俳句をつくっていた。公益財団法人・松山観光コンベンション協会（HP）から二〜三を引用すれば、「夏草や　ベースボールの　人遠し」（『俳句稿』明治31年）、「春風や　まりを投げたき　草の原」（『筆まかせ』明治23年）、「生垣の　外は枯野や　球遊び」（『俳句稿』明治32年）などがある。

ベースボールが日本人に大人気の野球になっていく歴史には、現代にいたるまで興味深いエピソードでいっぱいだろう。その意味で、玉木正之・ロバート・ホワイティング著『ベースボールと野球道』（1991）は非常に参照になった。

ベースボールであれ、その他の競技であれ、ここではゲームとしての面白さ、競技レベルの高さ、競技の中身の特徴などではない、チームあるいは個人で設定する目標である。われわれは、こうした目標を達成するために、一生懸命に努力を積みあげる過程で、非常に大切な資質を育てあげているのではないだろうか。

特に運動競技、スポーツではよく知られているように、地道に練習を繰り返したり、失敗の原因を解明し克服するために特訓したり、目標を達成するために協働したり、さまざまな試練にねばり強く耐えながら、実力向上を図っていく。その結果として、人々は勝利を手にするのである。このプロセスこそがしばしば「道」といわれる所以だろう。われわれ日本人はこの「道」に非常に深い関心を抱いてきた歴史があり、勤勉性と切っても切れないかかわりがある。柔道、剣道、弓道における武芸の「道」、茶道や華道、書道などの芸術の「道」、そして道徳や人道の「道」。これらの「道」はどれをとっても、一生懸命で真剣な生き方を離れては、考えることができない。人間のねばり強い勤勉な働きと「道」との深いかかわりは、次に究明すべき大きなテーマになっている。

アメリカから入ったベースボールは、換骨奪胎して野球となり、庶民の勤勉な資質を鍛える道場として、強く意識しないけれども、大きな働きをしてきたのである。練習の現場をみれば、汗を流して草をとった先人のように、勤勉性を培う場になって機能していることは誰にも理解できる。

とはいえ、われわれの勤勉性を培う優れた道場が、リーダーのものの見方・考え方、資質によって、ときには歪むことも起きている。精神主義、根性論への過剰な傾斜である。目の前の雑草と戦って、リアリズムをしっかりと踏まえていた基盤モデルの社会にはなかった、新しい問題、傾向であろう。

こうした新しい課題、テーマに対処するためには、原点に立ち戻って、目前の現実、実際、ありのままの状況を直視して、よく考える以外に途はない。別の表現を使えば、出会ったテーマを実証的に分析して、科学的、客観的に思考し、合理的に判断する、という原点に戻ることではないだろうか。それが先人の叡智をさらに深化させるであろう。わが国の人々にもっとも人気の高い野球を例にみてきたが、海外から入って庶民のなじみになったスポーツの中に、日本人の勤勉性を養っている魅力的な換骨奪胎のエピソードをたくさんみつけることができる。

7 明示的勤勉文化 —— 習得過程

勤勉文化はよくみると、二つのカテゴリーに分けることができる。一つは勤勉に働く意義、一生懸命に生きる意味を概念でまとめ、論理を構成して、人々を説いていく領域である。言葉ではっきりと意図的に解説しているという意味で「明示的勤勉文化」といえる。先に示した宗旨や説教、哲学などは、このカテゴリーに入るであろう。

明示的勤勉文化を人間が取り入れるプロセス、つまり、学習過程を分析してみよう。プロセスの第一は、論理が内面に入って力を持つためには、論理の意味を理解することが大前提になる。ここで理解とは言葉や概念、それらの関係性について意味を押さえることなのである。専門的には、正確に意味を習得することを有意味学習と定義している。

論理についてしばしば起きることは、なるほどと頭でその意味を理解しても、熱意がわかず、行動が伴わないことだろう。意味を理解しただけでは、活動を促すモーチベイション、意欲の世界と結びつかないことは多い。なかには論理が美しい、すばらしいと感激することもないではないが、大抵はなるほどそうかと平静である。ストーリーが引き出す感動のエネルギーにははるかに及ばない。

第二は意味の理解から行動へ、すなわち、論理の世界を感情・情緒、モーチベイション、そして行動へといかに結びつけるかがテーマになる。

説得の社会心理学実験が参考になるだろう。論理の意味を理解したら、何はともあれ実際に活動をしてみる、というアイディアであった。活動すれば自然に結果が出るのである。そして結果が思い通りであれば、内面に効果の感覚が生まれる。

効力を実地に体感すること、すなわち、「自己効力感（self-efficacy）」である。この感覚が人間の行動をさらに駆り立て、持続させるのである。自己効力感が乏しいと、長期的な影響力を維持することは困難になるといわれている。

ということは、第三に明示的勤勉文化において、論理の意味を理解するとは、人間の習得過程における前段階にとどまっている、ということである。よくわかる、「納得する」という深い水準にはまだまだいたっていない。納得するためには、実地経験に裏づけられた理解、つまり、体感、体得が要件になるだろう。

第四は論理に接触したとき、その意味を意欲的に吸収しよう、ということもある。意図的学習と呼ばれている。勤勉文化を取り入れる積極的意志、意欲、強い動機づけがあれば、習得は非常に容易になる。

つけ加えれば、諺とは、勤勉文化を代表する一番短い論理ではないだろうか。

どのように影響するのかを具体例で考えてみると、一生懸命に努力したが、失敗つづきでなかなか成果の出ないことはあるだろう。そんな時に「石の上にも三年」を思い出して、もう一年は頑張るか！、と奮い立つこともある。

自己催眠をかけたのである。自己催眠効果とは感情・情緒に直接に訴えて、いっきに行動する機制であるが、その結果は、幸運に恵まれて成果の出ることがないではない。持続力を引き出すことができれば、活動のプロセスで自己効力感を体感することもある。

脇道にそれると、持続力をどう引き出すかが、明示的勤勉文化を習得する最大の課題になるだろう。ちなみに、幼児期、児童期から長年にわたってピアノやバイオリンの練習に励んで、いつの間にか世界的な音楽家になった人たちは少なくない。もう一つはリハビリテーションの効果を決定的に左右しているのが持続力だということである。ここには第1章で述べた勤勉性の「習慣傾性的特性」が深く関与している。

最後に組織の中で働く人に関連して、明示的勤勉文化が持っている論理とは、実際に即していえば、それぞれの人が勤めている特定の職務、仕事に対する意味づけ、価値につながってくることだろう。もちろん、組織内における意義が基礎であろうが、広くは社会からみたトータルな価値評価にも関連するだろう。職務の社会的意味を広く納得できていれば、困難やつまずきにも耐えて、タフな失敗回復能力、最近の概念を使えば、高いレジリエンス（resilience）を示すこともできる。

さらに加えると、明示的勤勉文化と職務、仕事の意義というと、特定組織あるいは組織連合体内の職員研修活動、社内教育プログラムなども入る、という見方もないではない。これらのプログラムはもちろん明示的なのである。しかしながら、本書が取りあげて重視する明示的勤勉文化とは、特定組織、組織連合体などに限定・帰属しない、列島に暮らす人々なら誰もが、自覚するしないにかかわらず、しばしば接触しているメタ認知群を勤勉文化として対象化していることを断らねばならない。特定組織内の教育研修プログラムなどは、実際はこうした勤勉文化の強い影響を受けながら企画、遂行されている。

8　暗黙の勤勉文化 ―― 影響の機制

ストーリーや歌、そして人々が憧れる理想のモデルとなると、どれをとっても人々の勤勉を促すことを目的に企図されたものでないことは明白である。ストーリーの制作意図はまったく別なところにある。としたら、これらを「暗黙の勤勉文化」というカテゴリーとしてくくって、「明示的勤勉文化」と対比することにしよう。現代の日本には、勤勉な生き方を「暗黙に」励ます勤勉文化がたくさん存在していることは先に強調したところである。

では「暗黙の勤勉文化」は、どのように人々に影響を与えているかがテーマになる。端的にいえば、接触している間に、強く自覚することなく習得する機制が存在している、ということである。

第一の機制、メカニズムとは同一視（identification）、あるいは意図しない模倣（modeling）である。たとえば、映画や演劇、あるいは物語に接して、非常に感動したとしよう。あるいは、自分の活動したい世界になりたいモデルがあったとする。すると、強い意識はなくても、憧れの対象に少しでも近づきたいと感じるであろう。

憧れのモデルと同じように振舞っていれば、いつの間にかそうなれるかもしれないと思って、行動している。ちなみに、話のペース、イントネーション、ボキャブラリー、身振りまでもがモデルと似てくることはよくあることである。スポーツの領域なら、モデルの選手と同じユニフォームを着たり、練習の仕方をまねたり、食事までもが近似してくる。強い意志があってそうしているのではない。

価値観や趣味、好みまでも一緒になろうとするのである。同じ作品を読んだり、勉強の仕方も同じようにしたり、同じ参考書を使ったりなど、一生懸命に近づこうと努力するのである。本人は強く意識しているのではないが、まったく無意識かというと、そうでもない。自立的に好みや価値意識を取り入れようと試している、と本人は考えている。

モデルに対する同一視は、必ずしも身近な存在に限らない。文学作品や映画の主人公であったり、テレビドラマの脇役など、ときには思いがけないところにあって、暗黙に大きな影響力を行使している。

第二は同調行動という社会心理学的な機制も注目すべきだろう。

特定の行動様式や働き方、ものの見方・考え方の人々が、ある環境の中で多数をしめていたとしよう。その中で暮らす間に、自然に多数の人々のものの見方や行動様式などを摂取していくことはあるだろう。とりわけ、本人のものの見方・考え方が定まっていないときなどは、場の中にある多数の人々の意見、行動様式が大きな影響を及ぼしている。

まさしく同調行動といわれる所以であるが、一緒に行動しているうちに、自分自身も積極的に同じ見方・考え方を抱くようにかわっていくのである。こうした行動様式の変化には、先に示したように、自己効力感によるケースもある。

また逆に、自分自身のものの見方・考え方は決まっているが、本心を表わすと周囲との間に摩擦が生じるために、それぞれの場面にあわせるという意味で、表面的同調行動をとることも起きる。いずれにしても、一般的にいえば、「暗黙の勤勉文化」が身近に存在し、かつまた多くの人々が影響を受けていると、多数者の動きが自然に作用して、吸収していることは決して少なくない。「暗黙の勤勉文化」の意味、機能、役割について、まだまだ実地検証すべき課題がたくさん残されている。

9　内的帰属

大きな成果が出たとしよう。何が背景にあったのか、その原因を追求し、明らかにしようとするのが人間である。よくあるのは、事故が起きたとき、どこに問題が潜んでいたのか、解明しようとするのである。失敗学という研究領域である。成功したときも同じように、その根拠を確かめようとするだろう。心理学では、出来事の原因を追求し、明らかにする推論過程を原因帰属（attribution）と位置づけてきた。

雑草と戦った基盤モデルが機能していた社会では、原因帰属は明白であったろう。野草を駆逐して農作物を巧みに育てることができれば、収量はあがり、生活にゆとりが生まれたのである。一生懸命に努力し、勤勉に働けば、それに比例して成果が生まれると、原因は確かめるまでもなく、自身の地道な努力、まじめな働きに簡単に帰属できたのであった。

むろん、天候不順や大災害などの外的脅威は、人の力をこえたものとして受けとめられただろう。つけ加えると、昔の宗教家、学者たちが勤勉の哲学、宗旨を語ったのは、この原因帰属のプロセスを論理的に構成して、働き手が簡単に自分自身の内面に帰属できるように、一生懸命に生きる意味を説いた、ということであった。

原因帰属は大きくは内的帰属と外的帰属に分かれる。内的帰属とは自分のせいにすることである。起きた原因を当人の人柄、つまり、学び方、働き方や性格、実力、態度や構えにすることなのである。対して、外的帰属とは、自分の外にあって、自身でコントロールのできない外部事情、状況に原因を求めることであった。運や災害などはその典型である。

なぜ原因帰属が注目を浴びているかは明白である。

内的帰属をする人たちは、問題があれば自分自身を振り返って直し次に備える、という行動傾向を持っている。こうした内的帰属が持続すると、問題は改善されて進歩していくのみならず、努力するという行動傾向それ自体も強まっていく。人々の勤勉性は内的帰属という心理的メカニズムを介して強化されてきたのであった。

外的帰属になると、問題が起きても自分のせいではない、如何ともできない、不可抗力で運がなかった、あきらめるしかない、ということになる。進歩を生み出す努力が生まれないことは明らかだろう。

90年代以降、多くの心理学者が原因帰属理論を応用して、国際比較研究を試みている。その中には、成功したときと失敗したとき、日本人はその原因を何に帰属させるのか、を詳しく調査分析した研究もあった。すると、失敗したときは、自分の実力不足、努力不足という内的要因に原因帰属させる傾向が強いことを明らかにしたのである。また逆に、成功したときは、自分のせいにはせず、周りの状況や運に求めている。後段の研究結果について、日本人は自分に厳しすぎる傾向がある、と消極的に解釈した人たちもあったが、多くの人々と調和して暮らしていく謙虚な姿勢が浮かびあがっている、と捉えることもできる。

実証的研究を離れて関心を持つのは、作家や脚本家が、人間の内的原因帰属のプロセスを対象にして、物語やドラマを創作していることである。世界的な業績をあげたスポーツ選手、音楽家がいたとしよう。われわれはその人の才能、実力が可能にした偉業には率直に感嘆するのである。しかしながら、大きな関心は他に向いている。多くの人々が知りたいのは、背景にあるたゆまぬ努力、すなわち勤勉性という内的プロセスではないだろうか。

目標を達成するために注がれた地道な努力、人一倍の練習量、上達のためのねばり強い意志など、表面には現われない懸命な努力、工夫について知りたいのであろう。裏側にあってみえない地道な生き方、勤勉な働きに巧みに焦点をあてたドラマ、物語、ドキュメンタリーなどは、実際に高い評判を得ている。第1章で述べたNHK『プロジェクトX――挑戦者たち』は、勤勉な日本人の内的帰属過程を緻密に分析して、非常に高い評価を得ていたといえよう。

新しい問題意識もひらめいてくるだろう。日本人と対比して、海外の人たちは、勤勉な人生、ドラマに触れたとき、いったい何に感動し、どう反応するのだろうか。この問いに科学的に応えてくれる研究を見出すことはできない。とはいえ、経験的エピソードは存在している。思い出されるのは、1983年、NHK連続テレビ小説として一年間、放映された『おしん』である。

このドラマでは、東北の山村に生まれた少女、おしんが、八十年余の生涯をさまざまな苦難にめぐりあい、懸命に耐えながら生き抜いている。勤勉な女性を描いたこのテレビドラマは、国内はもとより海外でも大きな話題になり有名になった。日本人女性の忍耐強くて、一生懸命な生き方に、諸外国の人たちはどのように反応したのだろうか。

アジア諸国の人たちには、大きな共感をもって迎えられた。中国、台湾、香港でも放送されて、非常に人気が沸騰し、再放送までされている。ベトナム、モンゴル、中近東諸国でも同様であり、人々を非常に引きつけて、再放送された国々もあった。

対してあまり人気の出なかったのが欧米諸国であった。なぜあれほどの苦難に耐えなければならないのか、無理な要求は断ればよいだろう、不合理ではないかというのが、典型的反応であった。

こうした反応の違いは非常に興味深い。何に感動するか、その違いが顕著に出ているのである。欧米人の含意する勤勉性とは、必ずしも苦労、忍耐といった情緒を前提とするものではないのかもしれない。アメリカ人の好きな言葉を使えば、フロンティアにこそ、熱烈に追求すべきテーマがあると映るのではないだろうか。前人未到の世界の開拓、達成されたことのないフロンティアにこそ、勤勉に取り組むべき課題がある、というのだろう。とすると、感動するのはプロセスではなくプロダクト、つまり、成果、偉業であり、われわれに人気の情緒は二義的になる。

われわれは、実力が十分に備わっていて、余裕でもって成就される業績に対しては、賛辞を惜しまないとしても、感動は少ない。「Adversity makes a man wise.」を換骨奪胎して「艱難汝を玉にす」の諺のように、心を動かされて、涙さえするのは、苦難に出会ってもくじけることなく、地道に努力をつづける姿勢、心情、心構えに共感するからであろう。勤勉性のどこに目を注ぐか、人により文化により地域によって多様性があり、探求すべき斬新なテーマが残されている。

10　発達課題としての勤勉性

前世紀の偉大な心理学者に誰がいるのだろうか。ピアジェ、ハル、レヴィン、ヴィゴツキー、ロジャーズ、スキナー、それに精神科医がふさわしいフロイトやユングなど次々にあがってくる。その中に精神分析学者にして発達心理学者のE・H・エリクソン（1902〜1994）が加わることは間違いない。彼はドイツのフランクフルトに生まれ、母親はデンマーク系ユダヤ人であった。しかしながら、生涯にわたって母親が父親を秘密にして明かさなかったため、児童期、青年期を通じて、人種差別に加えて、自己の出自について深刻な悩みを体験してきたのであった。その後、ウィーンにわたりアンナ・フロイトの弟子になると、精神分析学を極めている。そして、ナチスが政権を掌握しはじめると、すぐさま大西洋をわたってアメリカ国籍を取得し、活躍するようになった。

エリクソンは精神分析学の影響を受けながらも、独自の生涯発達理論を提唱したことで知られている。「心理社会的発達論」といわれるもので、鍵になる言葉「アイデンティティ（identity）」を有名にし

表4－1　発達課題としての勤勉性（エリクソン）

発達段階	発達課題
乳児期　・・・	（基本的信頼 vs 不信）
幼児期前期・・・	（自律性 vs 恥・疑惑）
幼児期後期・・・	（自主性 vs 罪悪感）
児童期　・・・	（勤勉性 vs 劣等感）
思春期・青年期　・・	（アイデンティティ vs アイデンティティの拡散）
成人期　・・・	（親密 vs 孤立）
壮年期　・・・	（世代性 vs 自己陶酔）
老年期　・・・	（統合性 vs 絶望）

たのは彼であった。アイデンティティにはさまざまな捉え方があるが、平たくいえば、自分らしさの理解、把握ということだろう。「人間は生まれてから死ぬまで、生涯にわたって成長発達していく」と彼は考えていたのである。そして、乳幼児期から老年期までを、八つの発達段階に分けることを提唱した。

ここでの焦点は発達理論でもアイデンティティでもない。人間の生涯にわたる成長過程の中の特に児童期に対して、エリクソンが「勤勉性」を重要な達成すべき発達課題として位置づけていることである。表4－1は、彼の生涯発達区分とその発達課題を示している。

児童期とはいうまでもなく、学校教育を受ける時期に重なっている。社会で生きるために不可欠な基礎的知識・技能、道具を扱う技術、社会的なマナー、基本的モラルなどを習得することが求められる。学校はこうした目標を達成させるために、まじめに、地道に、一生懸命に努力を重ねる「勤勉性」を求めてきたのである。すなわち、青少年は学校という組織に所属し、日々教育を受ける過程で、次第に勉強をまじめに一生懸命に努める、という勤勉性の資質を自然に養っていくのである。エリクソンは、学童期に勤勉性という課題をマスターすることが、その後の人間の生涯発達には不可欠とみなしたのであった。

ちなみに、イギリスでは15世紀になると、特に貴族のための師弟教育としてパブリック・スクールが作られて勤勉性を育成している。イートン校、ハーロー校、ラグビー校などはよく知られた寄宿制の男子私立中学校であり、13歳から18歳にいたる青少年の心身を鍛えてきたのは有名である。勉強のみならず、スポーツや寮での集団生活を重んじ、ノブレス・オブリージュ（noblesse oblige）、すなわち、特に身分の高い貴族に対して、はたさねばならない社会的責任、義務をしつけてきたのであった。歴史学者、ジャン・モリスは、その著書『パックス・ブリタニカ』の中で、19世紀に開花したイギリスの帝国主義の発展は、彼らパブリック・スクールの卒業生たちに支えられてきたと語っている。

わが国は社会が安定した江戸時代になると、藩校、私塾、寺子屋などが各地に生まれ、武士から庶民にいたるまで、人々がさまざまな学習活動に従事していたことは、先に述べた通りであった。子どもや青年は、地道に目標をめざして努力する間に、自然に学ぶことへの習慣、つまり、勤勉性を育んできたものと考えられる。

こうした江戸時代の武士や庶民の学習活動を背景に、開国とともにはじまった立身出世という社会的潮流によって、明治のはじめに学制が敷かれると、人々は学習活動を積極的に受けとめるようになったのである。ちなみに、学制実施の１８７２（明治５）年には、全国就学率は男子で40％弱、女子で15％強であったが、学制が全国に及ぶにつれて、１８９１（明治24）年就学率は50％をこえるようになる。就学率が90％をこえるのは男子で１９００（明治33）年、女子で１９０４（明治37）年であった。わが国は明治の開国と共に、義務教育制度を整備して、わずか30年あまりの間に国民の９割をこす人たちが就学するようになり、発達課題としての勤勉性という社会的資質を伸張させる源になったと考えられる。端的にいえば、学校とは青少年の勤勉性を養う社会の苗床であり、学校普及の如何がその地域、国々の人々のあり方を大きく左右しているともいえるのである。

関連して、発展途上国を支援する途とは、一見迂遠な方法にみえるが、義務教育をはじめとする青少年教育を組織的に整備し、推進することが一番ではないだろうか。まずは将来の社会を担う人たちの間に、まじめに働き、地道に生きる、という勤勉性の資質をしっかりと形成することであろう。すると、こうした社会的資質の所産として、人々の間にさまざまなアイディア、内発的意欲が生まれ、切磋琢磨する活動の中で、社会が持続的に成長する芽が生まれてくるのではないだろうか。

11　新しい社会的条件

基盤モデルは雑草との戦いという明快な目標達成行動が核になっていた。１９５０年代以降、第二次産業、第三次産業が主要な働き場になった現在では、基盤モデルの上に高次な認知活動によって抽象された「勤勉文化」が威力を発揮するようになった。時代はかわり、新しい社会的条件も加わって、人々の勤勉な生き方、働き方も、非常に複雑になってきているのが現在の状態だろう。この新しい時代のわれわれの勤勉性について、図４－５を参考にして説明することにしよう。

現代社会において、人々は企業、公的機関、その他さまざまな機関に所属して働いている。図ではこれを組織Ａから組織Ｘとして表わすことにした。それぞれの個人は家庭からその組織に通っている。また、人々は学校や大学にも通うだろう。それを中心に示した。

新しい社会的条件の第一は、組織をＡ～Ｘまで示したように、働く場が多様性を示すようになったことである。時代の発展と共に、次々と新しい企業、仕事が誕生しているのは、そのよい例だろう。また公的組織やＮＰＯなどの組織、機関も革新されてきている。雑草と対決した時代にはない新しい社会的条件である。

第二は組織の多様化につれて、その中で働く人々の生き方、働き方は想像もできないほど多岐にわたっている。基盤モデルが機能していた農作業中心の社会では思いもつかない、大変化が起きている。

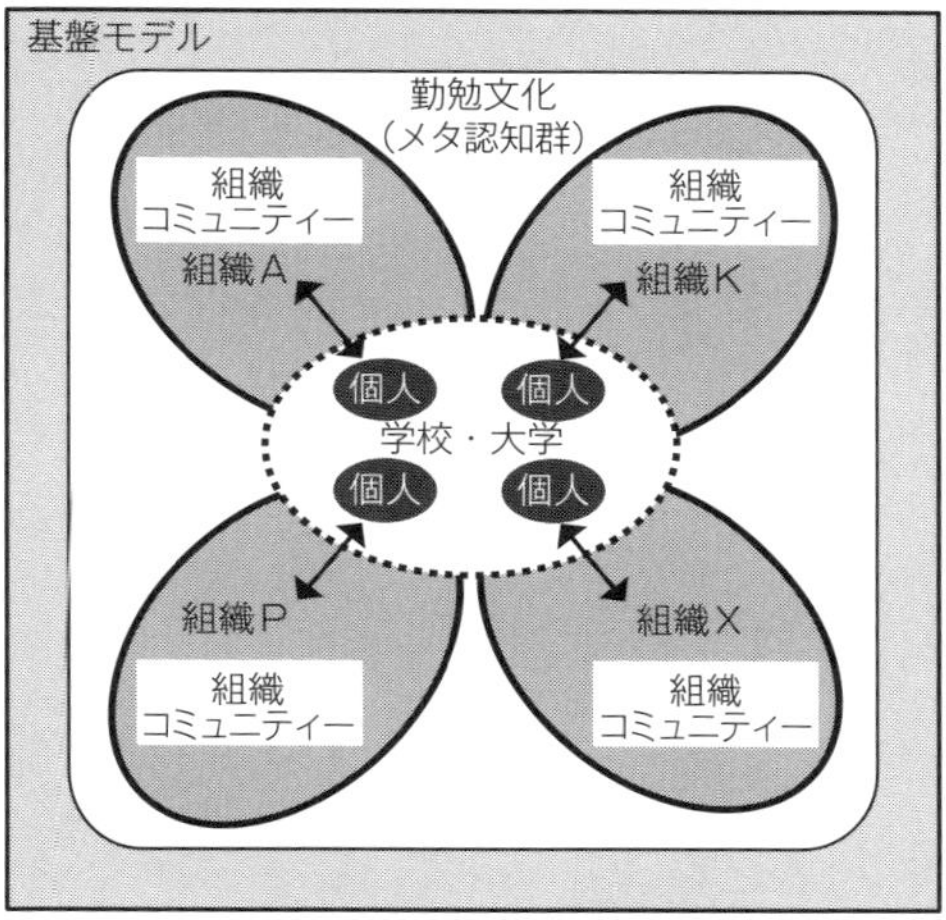

図4－5　新しい社会的条件

すると第三に、人々は組織に所属しているために、その働き方がどのような組織に所属するかに強く依存するようになったことである。働く人の「組織依存傾向」である。現代では組織が所属成員の勤勉な働き方に強い影響力を持つようになっている。

第四に組織は仕事や職務のための機関であるが、それにとどまらず、どの組織も一昔前のコミュニティーの役割を取りこむようにかわってきている。これは組織コミュニティーといえる。欧米企業にはみられないわが国の特徴であるが、このコミュニティーは組織によって個性があることはいうまでもない。

第五に図の破線で示したように、個人を取りまく地域コミュニティーの地位、役割の相対的な低下も指摘しなければならない。農作業、雑草との共同戦線という共通の目標達成行動を失ったことによって、コミュニティーは影響力を相対的に喪失していったものと考えられる。勤勉性の質的変化も起きているだろう。

第六として、最大の特徴は、どの組織もわが国の

「勤勉文化」という船に乗っていることである。学校などの教育機関も乗っている。そして頭に入れておきたいのが、個人も家庭も、同じ船の上にあることである。こうした勤勉文化にさらされて、多方面から知らず知らずのうちに強い影響を受けているのが現代社会である。

再度強調しておきたいのは、わが国の勤勉文化が論理や理屈の明確な論説、宗旨、哲学などの明示的勤勉文化のみにとどまらないことだろう。十分に意識、自覚はしないけれども、一生懸命に働くように促すストーリー、歌詞、諺、言い伝えなどさまざまな「暗黙の勤勉文化」が身辺にいっぱい存在し、個人の内面に浸透してきている。新しい時代に入って、こうした二つのタイプの勤勉文化は、それぞれの組織やその成員、さらにはその他一般の人々に対して、ますます大きな意味を持ちつづけている。今日、求められることは、新しい社会的条件を考えに入れながら、現代社会における「勤勉文化」の意味、役割、機能などを総合的に検証することではないだろうか。

現代社会では、基盤モデルの時代にはなかった新しい主題、問題、テーマが、勤勉な働き方と深く関係して広く議論されるようになっている。以下では現代における勤勉な働き方の意味を三項目にまとめて概説するとしよう。

12 コンプライアンス

概括的にいえば、特定組織の一員として働く現代の人間にとって、所属組織、部局にある有形、無形の規則、慣習をマスターすることは仕事の出発点、基本になるだろう。その上でルール、慣習に則って一生懸命に働き、業績をあげると、当該個人や所属組織はもとより、社会全般に対して寄与していることになるのである。この積み重ねによって、外部の世界から高い評価を受けると、優良な組織として内外から公認されはじめる。

こうして組織の存在価値、アイデンティティが高く評価されると、組織内にある人々の生き甲斐、働き甲斐も確かになっていく。これが総括的にみた現代社会の組織と所属する個人の勤勉な働き方の関係であろう。つまり、当該組織と外部の社会とのかかわりが、内部の人々の仕事ぶり、働き方と深いつながりがあるということである。

具体的にいえば、組織ルール、慣習にそって一生懸命に働いた成員が、外の社会にプラスの利益、効果をもたらせば、大いに歓迎されて問題はまったく起きないだろう。しかしながら、勤勉に働けば働くだけ、マイナスの悪影響を外部の社会にもたらすこともないではない。

組織成員の熱心さに正比例して、外部の社会が大きな弊害、損失をこうむることもありうるのである。こうした問題が現代社会の一面には確かに存在している。単に法律、規則の遵守にとどまらない。今日の概念で総括的に捉えると、人々の働き方の倫理、モラルまでをも含んだ組織とその成員の外部社会に対するコンプライアンス（compliance）の問題であろう。

歴史を振り返れば、具体的な事例は枚挙に暇がない。

古くは足尾鉱毒事件から、イタイイタイ病、水俣病、四日市ぜんそくなどはだれもが知る公害事件であった。最近でも新聞紙面にときどきみられるのは、関連する業者が互いに結束して、商品や事業の価格、生産の仕方を談合し、利益をあげようとするカルテルである。

ということは、組織内の規則、ルール、慣習にしたがった熱心な職務遂行にも、その仕事が外の社会、世界に対して、どのような意味を持っているのか、適切か否か、その「社会的妥当性」がたえず問われる時代になっている。そして特に注目しなければならないのが、現代では組織の外にある外部社会とは、界隈のコミュニティーに決してとどまっていないことである。国境をもはるかにこえて、世界の隅々にまで拡張しているのである。

数年前の中国産餃子事件などは、その典型だろう。まして悪徳組織や業者を内部から告発できるのは、組織内を熟知した勤勉な所属成員なのである。としたら、現代は勤勉な働き方をかつてない広い視野で捉え、かつ問題への対処の具体的方策については総合的、実践的に構築しなければならない、たいへんむずかしい時代、社会に入っている。

13 官僚主義

社会心理学にイングループ（ingroup）、アウトグループ（outgroup）という概念がある。イングループとは組織内部の人間であり、お互いに同じ組織に所属していることを認知しあっている間柄であろう。対して、アウトグループとは組織の外の人、直接にはかかわりのない他人である。

特定の組織に所属するようになると、人間は無自覚のうちに内部と外部の人たちに対して、しばしば扱いをかえる。端的にいえば、アウトグループの人には冷たく、厳しく、不親切な対人態度、行動をしばしばとるのである。差別や偏見の原因になることも起きる。

差別や偏見として捉えると、人種差別や民族差別という主題になるが、特定組織の内部規則、ルールに注目すると、特に外の世界の人々に対しては、ルール、規則を文字通りに厳しく適用し、内部関係者には融通を利かせる、という対応の仕方であろう。イングループに比べると、アウトグループに対しては、より冷たい態度、姿勢、構えをとるあり方なのである。こうした対人行動傾向は官僚的な行動様式と深く結びついている。

ここで官僚的姿勢、官僚的態度という概念を使うと、視点はいっきに広がって、勤勉な働き方と官僚的態度、姿勢のテーマとして検討できる。すると、ただちにアメリカの社会学者、ロバート・キング・マートンの強調する「官僚制の逆機能」に思いあたるだろう。

マートンが問題視するのは、組織内部で作った規則、ルールを保守することが自己目的化し、したがって、所属成員による規則、ルールの遵守のみが優先されて、仕事が形式的になる。その結果は、外部の人々に対する姿勢は、不親切で、冷たい、いわゆる「お役所仕事」のレッテルが貼られるようになる。

われわれは実際しばしば体験している。一般的にいえば、人々の勤勉な働き方と関連して、過剰な規則遵守によって起きる官僚的な態度が、さまざまな職場で大きな問題になっている。象徴的ケースとしては、いじめ事件に即応できない学校や教育委員会の規則や手続き墨守の姿勢にうかがうことができる。ビューロクラシー（bureaucracy）は必ずしも、公的組織、あるいは組織の規模に限ったことではなく、現代社会に暮らす組織人の働き方に対する根本的テーマの一つである。

14　妥当性検証と支援

今日の社会では組織と外部世界との間にたいへん複雑な緊張関係が存在するようになった。簡単に解ける主題ではないが、勤勉性とのかかわりで、企業を例に外部社会との関係をみると、検討されるべき問題が次々と出てきている。先のコンプライアンス、官僚的態度などは代表的な問題の一つであろう。

問題に出会うのは外の人々ではあるが、社会が疑問視する前に、実際はすでに内部の人たちの間に問題の自覚は芽生えている。強いか弱いかの違いはあるが、内部関係者はすでに自覚している。としたら、自ら外部世界の一員であると同時に、組織成員でもあり、その中で勤勉に働くとはいったい何かについて、本質に迫ることが問われている。基盤モデルの時代にはない働き手の新しい資質、能力、視野であろう。

個人のレベルからみると、勤勉性を考える第一は、日々はたしている職務について、その「社会的妥当性」をたえず判断する、ということだろう。ここで社会的妥当性とは、一口には、携わる職務が外部社会に対してもたらす意味である。寄与すればよいが、不利益を与えるなら考えなければならない。もちろん、職務の進め方自体も適切か否かがテーマになっている。当該組織と社会という二つの立場を踏まえて、問題をしっかり総合的に判断できる力が求められている。雑草と戦った基盤モデルの時代では、仕事の社会的妥当性などはあまりにも明快であった。

第二は組織的な仕事の場合、簡単に社会的妥当性がわかることは少ないだろう。実際は多岐にわたる条件を考慮しなければならない。すると、緻密に自己検証できる能力も必要になるだろう。そして、必要なときには他人の判断を積極的に受け入れる柔軟性も求められる。

第三は結論によっては、ひるむことがないではない。自分自身の将来にかかるリスクを背負うケースも出てくるのである。問題が多岐にわたり、一個人では根本的解決ができないことも多いだろう。問題解決するために行動する意志の力、勇気は不可欠であるが、その上に組織内や外部世界と密接に交流して、多くの人々と協力し、解決をめざすことも求められる。

特に困難になるケースとは、所属する組織の資質、状態に問題が深く根ざしているときだろう。ちなみに、ブラック企業では成員個人の資質、能力というよりは、組織の持つべき資質、条件こそが是正すべき大きなテーマになっている。

現代社会における組織の資質について簡単にまとめることはできないが、組織の成員の勤勉性にかかわりのある点を問題提起するにとどめよう。

第一は組織成員からの意見、提言には率直に耳を傾けることであろう。まして、組織の中に成員の発言を抑圧する権威主義的雰囲気があるとしたら、完全に取りのぞかなければならない。これは部・課・掛の組織責任者の個人レベルの課題である。

第二は組織の成員による意見の具申を不当に扱ってはならない、ということである。そもそも成員は職務を改善するために積極的に提言している。その意味を肯定的に受けとめることが大前提になる。

つけ加えるなら、そもそも所属成員は意見を具申することにリスクを感じているのである。直属上司や所属部局、さらには組織全体に対する不利益を懸念している。もちろん、自分自身の現在、将来に対する不安、不利益も心配しているだろう。これら個人の不安を完全に取りのぞくことが、組織の中で勤勉に働く基礎であることはいうまでもない。

第三は不利益取扱、不利益処分、不当労働行為、不当解雇などの組織内処分が、意見の具申とは完全に独立したテーマである、というあたり前の認識にたつことだろう。しばしば混乱や誤解が組織の側に存在していて、意見具申を抑制するように作用することも多い。そうなると結局は、成員の職務の社会的妥当性を低下させるにとどまらず、組織へのロイヤリティーも失わせることになる。

最後に第四は結局、勤勉な働き手に対して、組織外部の支援システムが絶対に欠かせないことである。二十一世紀になっても、この面での支援システムは不完全であると断定できる。ちなみに、不当労働行為は都道府県・労働委員会の所管、組織の経営・管理運営には社外重役制度など種々試みられているが、十分に機能しているか否かを含めてたえず検証されなければならない。とりわけ、組織の成員個人に対する内外の直接支援体制の構築などは急ぐべきだろう。すなわち、勤勉に働いている人たちを助け、彼らの職務に対する社会的妥当性、公共性、客観性をさらに向上させるためには、現代の日本社会は、非常に多くのなすべき課題に直面しているといえよう。

第5章　勤勉性を妨げるもの

1　無力感

無力感という言葉がある。なんとかして避けたいと思う気持ちがわけば、その焦りが能動性を生み出すこともあるだろう。しかしながら、自分には能力がないので、どうにもできないとあきらめ、絶望してしまっている。何の力もないと感じる虚脱状態である。この心理状態では、問題解決に立ち向かっていく意欲、懸命に働く熱意はまったく期待できない。勤勉に生きるエネルギーを失った無力感は、人生における最大の危機の一つだろう。

半世紀あまり前に、この無力感に取り組んで、非常に興味深い提言をした実験心理学者がいる。彼の名前はマーティン・セリグマンという。近年になると、彼を有名にした昔のアイディアを逆手にとってさらに発展させ、「積極志向の心理学（positive psychology）」を提唱している。その一環として、楽観性は学習される（learned optimism）と主張して、アメリカで大活躍している。

セリグマンの名前を広めた犬の学習実験の概略を以下に述べることにしよう。実験は二段階からなっている。

第一段階は犬を三つの群に分けて、電気ショックの回避学習訓練をした。実験群Aと実験群Bの犬はハーネスで固定され、実験群Aの犬には、予告信号を聞いたら、足でパネルを押せば、電気ショックを避けられる訓練を与えた。この群の犬たちはパネルを押してショックを回避することをすぐに学習した。もう一つの実験群Bは、予告信号を聞いてパネルを押しても、電気ショックを避けることはできない。何をしても電気ショックを回避できないグループであった。統制群Cの犬には電気ショックは与えられなかった。

実験の第二段階目では、どのグループにも新しい学習課題を与えた。犬を図5-1のような実験箱(shuttle box)の中に入れて、予告信号を与える。信号音を聞いたらすぐに、実験箱の中の壁を跳びこえる。簡単に電気ショックを避けることができるのである。犬には決してむずかしい学習課題ではない。結果は明快に現われていた。

第一段階で何をしても電気ショックを回避できなかった実験群Bは、第二段階の新しい学習課題を与えられると、ほとんど失敗してしまった。それに対して、何の訓練もしなかった統制群Cと、予告信号でショック回避を学んだ実験群Aは、いとも簡単に第二段階の課題もマスターしたのであった。

この対比的データをみて、セリグマンは第一段階の訓練でいったい犬は何を習得したのかを追求したのであった。彼の到達した結論は、何をしても電気ショックを避け得なかった実験群Bの犬たちは、自発的な努力とは何の関係もなく電気ショックがくること、そしてこれが重要なのだが、自分のいかなる行動も電気ショックを回避できなかったことを第一段階の訓練で学んだと考えるようになった。そのために、努

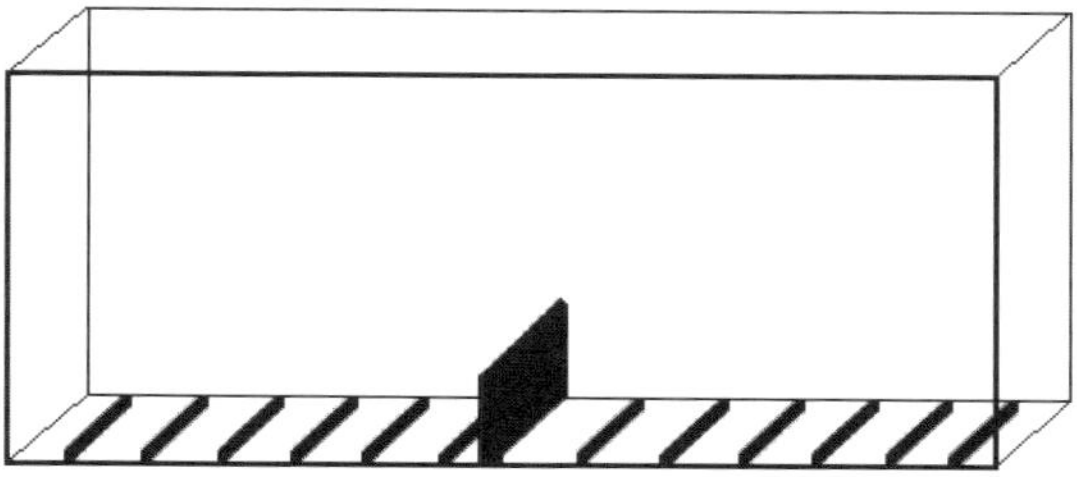

図5－1　セリグマンの実験箱

力すればショックを回避できる第二段階の局面になっても、積極的に行動しなくなった、と仮説したのである。

簡単にいえば、実験群Bの犬たちは、無気力という心的状態を身につけたということである。訓練によって無力感を新たに習得したという意味で、セリグマンは「学習性無力感（learned helplessness）」という概念を提唱したのである。

彼の実証研究の面白いところは、無力感が後天的に学習される、という仮説であった。一生懸命に環境に働きかけても、はっきりとした成果が現われないと、自分の実力では何もなしとげることができない、と感じるようになる。

すると第二に、無力感に出会ったとき、何がそうさせているのか、どこで無力感、無気力を身につけたのか、を追求することができる。無力感を習得した当初の原因を解明することができれば、それを克服する手段も工夫することができるだろう。

第三は、無力感を積極的に解く学習も考えられる。すなわち、自分で能動的に働きかけて、環境に意味ある変化をもたらすのである。こうした体験をすれば、内面に効力感が生まれて、自身の能動的活動に意味のあることを理解できるようになるだろう。無力感を味わった失敗体験ではなく、変化をもたらす成功体験を繰り返して、自己効力感を強めて自信を取り戻すのである。これが先にあげた、楽観性は学習される（learned optimism）という主張に連なっていく。

最後に、当初は克服可能であった無力感も積み重なるにつれて、決定的な資質となるケースもないではない。能動的、自発的、積極的行動を完全に喪失してしまう前に、なすべきことを早急に考え出さなければならない。セリグマンの発想は人間の無気力、意欲低下、うつ病などの解明に大きなヒントを与えるものとなった。深刻な問題である無力感にも、なすべきことが多いことを示唆している。

2　目標喪失

雑草と戦った基盤モデルの社会では、列島の人々が目標を完全に見失う、というような事態は、まれにしか生まれなかったのではないか。農作物の生産力をあげるために、一生懸命に対決する相手は、誰にとっても明らかであった。

陸つづきの大陸では、異民族や他部族の侵入、略奪などは常に起きていたが、日本列島の出来事とは主に、自然による災害であったろう。地震、台風、津波、火山などの自然災害や天候不順による飢饉などが起きていたのである。特に大災害などに出会うと、無力感に襲われたであろう。しかしながら、温暖多湿の島国では、しばらくたつと災害から復興、修復することが、そのまま人々の達成すべき目標に転化していった。絶望にも陥ったが、完全に見捨てることは少なかったろう。相対的にみると、この日本列島は、学習性無力感を人々に植えつけるほどの厳しい世界ではなく、勤勉な働きによって多くの苦難は克服できたのであった。

基盤モデルの社会で、目標喪失に見舞われた人たちとは、雑草と対峙することがほとんどなかった社会の上層部、つまり、豪族、貴族であり、上級武士であったと考えられる。彼らは、第二次産業、第三次産業中心の社会に生きる現代日本人と、目標こそ違え、基本的な共通性が認められるであろう。乱世の戦国時代はともかく、江戸時代などはいわば官僚主義の社会であって、貴族や領主、藩士たちは組織社会の一員として暮らしていた。組織人としての悩みは深いものがあったに違いない。

森鷗外の短編小説『阿部一族』は、藩という組織社会の中で生きる藩士たちの苦悩を描いたストーリーとして有名である。領主から殉死を認められなかった武士が、藩内の中傷や自分自身の体面、家族とのかかわりの中で、苦悩して戦う物語になっている。鷗外はこの短編を、ある藩に起きた史実をもとにして創作したのであった。

ところで、目標というとき、理念形としては、二つのタイプ、種類に分けられる。一方の極は外発的目標である。能動的に目標を自作したのではなく、外部から与えられた目標である。すると他方の極は、内発的目標になる。すなわち、自発的選択によって自分自身に課した目標である。

実際の生活場面をみると、１００％外発的目標、０％内発的目標、あるいはその逆も、ほとんど起きることはなく、程度の差はあれ、外発~内発双方の目標要素が混じりあっている。そして、この混合している状態は、ときの経過とともにかわっていく。したがって、目標喪失とはどのような状態の目標を見失ったのかによるであろう。

理念形から考えるとして、たとえば、他人が与えた外発的目標に取り組んだとしよう。実力が十分に備わっていないと、職務目標の達成はむずかしくなって、しばしば失敗し、上司が厳しく叱責することはあるだろう。それが積み重なると、先の無力感におそわれるのである。一時的ならまだよいが、何回も経験すれば、無力感は定着して目標喪失が起きる。すると、勤勉に働くことに危機が訪れる。

このようなケースでは、大抵は目標を提供した側が相手の実力や好みを判断することに失敗したのである。対策の一つは、目標達成に必要な基礎的実力をまずは向上させることである。その上で再挑戦する。他の対策としては目標を取りかえて、よりマッチした別の目標を提供することもあるだろう。

論理的には明白であるが、むずかしいのは、目標をかえられると、本人はもとより周囲にも実力不足を周知させることになって、抵抗感のあることだろう。もう一つは、取り組みたい目標には好き嫌いがあり、実力がなくても、好きなら頑張って成功できることもある。逆のケースは、実力は十分にあっても意欲がまったくないために、失敗することはよくあることである。

今度は内発的目標に取り組むケースを考えてみる。

目標は自発的に選択しているので、好き嫌いの問題は回避できる。しかしながら、目標を自力で選択はしたが、実際は失敗することもしばしば起きる。運・不運はもちろんあるが、大抵は実力が伴っていないのである。目標を達成したい気持ちだけが高まって、自分自身の実力に鋭い眼が注がれていなかったのである。自己評価が甘いということである。こんなケースには、仕事の遂行と並行して、実力を養っていく対策も欠かせない。

失敗がつづくと無力感は生まれるが、自分で積極的に選んだ場合には、目標を見失う可能性は低くなる。両端のケースをみたが、実際はこの両者が渾然一体となっていて、複雑な過程を想定しなければならない。

次は定型的な目標ではなく、特に創造的な目標に取り組む場合である。答えはもちろん、解にいたる道筋、方法もまったくみえてはいない。こうした創造的問題解決では、実力があっても、また条件が整っていても、失敗を避けることはできないだろう。創造的な課題で成果をあげるには、実際は幸運にめぐりあうことも非常に重要な条件なのである。運を引くのも実力のうちだ、と語る先人のエキスパートも少なくない。

創造的問題解決、たとえば、研究や開発などの仕事では、失敗がつづくために挫折感を簡単には回避できない。こうした創造的活動で、目標喪失に陥らないためには、一つひとつの失敗に囚われない耐性を備えるほかに手はないだろう。その耐性とは、成功しなくても無力感に落ちこまない「失敗への免疫力」なのである。この免疫力があれば、無力感に陥ることも少なくなって、失敗への回復力が高まるだろう。勤勉性に決定的な打撃を与えないのである。それを支えているのが、視野の広さや将来を見通す力である。確信があればゆらぐことは少ない。

最後に、定型的な仕事は単純で面白くない、という意見をしばしば耳にする。一見、説得力があるように思えるが、どんな定型的な目標にも、よくみると、その活動の背後には、必ずといっていいほど未知なところが隠されていて、ここに創造的活動の余地はたくさん残されている。そういう眼で深く目標を追求していくと、外発的目標といえども内発的目標に次第に転化していく。このような構えで勤勉性を発揮している人たちは決して少なくない。

3 サイクル破壊

ヨーロッパの禁欲的勤勉性を例にとると、ピューリタンたちは天職をまじめに働いて倹約に努め、世俗生活をつづけながら、次第にストックを蓄財していったのであった。彼らはこの財産を使って、次の事業へ再投資し、発展を図ろうとしたのである。資産、資本が増大していった一連の過程に、資本主義社会の萌芽をみたのが、社会科学者のマックス・ウェーバーであることは先に述べた。

ここでの関心は禁欲的勤勉性の結果として生まれた資産増加でも資本主義社会でもない。むしろ、背後で動かしている人間の「心理的メカニズム」である。産業の発展をもたらしたサイクル、循環系の働きをよく調べると、このサイクルは、大きく捉えれば、勤勉に働く～成果が出る～余裕がストックを生み出す～次の発展を考えて投資する～目標（夢）を実現する、というプロセスのことであろう。

このプロセスは少し細かくみると、前半と後半の二つの小サイクルから成り立っていることがわかる。前半のプロセスとは、勤勉に働く～ストックを生み出す、という第一段階である。後半の第二段階は、ストックを再投資する～目標（夢）を実現する、のプロセスである。一生懸命に努力をつづけると、前段のサイクルからはじまって、後段のサイクルに移っていき、自然に二つの心理的サイクルが回りはじめる。

平たくいえば、努力をすれば、失敗もあるだろうが成果も出るし、この成果が貯まれば、ゆとりも生まれて、手元にストック、資産が貯まり、すると今度はそれを使って次に何をするか、将来の夢を考えるようになる。そして、アイディアの魅力に引かれると、積極的に次の投資をする。これが懸命に働く人たちの自然な心理的動きなのである。

われわれは、資産やストックの増加、金銭の動きなどには眼がよく行くものである。しかしながら、注目したいのは、サイクルを回すエネルギー源ではないだろうか。循環系のエネルギー源になっているのは、一生懸命に努力するという人間の勤勉性であり、心の働きが核になっていることである。

先に分析した大きなサイクル、そして前段サイクルと後段サイクル、いずれをとっても、勤勉性のサイクルが回りだすと、結果としてストックが貯まり、夢が実現していって、自己効力感が高まり、勤勉に働く意味をより強く確信するようになる。端的にいえば、人生の基本的価値として、「勤勉に働く」という意味、機能を強化するサイクルが成立したのである。

社会心理も大きく作用したであろう。勤勉に働き、成功した人たちは自分の体験として、人生における勤勉性の人生観、哲学を語るようになり、周囲の人々に大きな影響を及ぼしていく。また、成功談、懐旧談を聞いた多くの人たちの中からは、サイクルを取りこんで実践し、さらに伝播した人たちも現われるだろう。こうなると、勤勉性のサイクルは地域全体の社会的風土、土壌としてしっかり根を下ろしはじめ、オランダ、イギリス、ドイツなどで資本主義が勃興する芽となっていったものと考えられる。

勤勉性を強化したこのサイクルを、日本列島の人々は基盤モデルの社会の中で、実にみごとに機能させ、習得することに成功したのであった。第2章の言葉では、目標達成行動である。もちろん、大災害が起きたときなどは、ストックと夢は完全についえて、絶望の淵に立たされたことはあったであろう。しかしながら、人々は立ち直って、現代にいたっているのである。

勤勉性を強化した心理的サイクルに大打撃を与えて、破壊するものはいったい何か。人間が太刀打ちできない自然災害などは、その一部に過ぎないことはすぐにわかるだろう。歴史を振り返ってみると、最大のサイクル破壊者とは、実はサイクルの創造者でもある人間自身であることは、いとも簡単に実証できる。

4 戦い —— 中世

勤勉性を培ったのが人間なら、勤勉性の破壊者となったのも人間であった。たえざる戦乱、略奪はその典型的な事例であろう。戦いとは、人命はいうまでもなく相手のストックを徹底的に破壊するにとどまらず、実際は自分自身をも大幅に棄損している。ちなみに、中世における最大の戦争の一つ、コンスタンティノープル包囲戦をみてみよう。この戦いを分析した傑作は非常に多い。ちなみに、塩野七生著『コンスタンティノープルの陥落』（1983）、林佳世子著『オスマン帝国500年の平和〈興亡の世界史10〉』（2008）などは、興味深く読めるであろう。

コンスタンティノープルは今日ではイスタンブールと呼ばれて、バルカン半島における最大の都市になっている。ヨーロッパとアジアをつなぐ結節点、ボスポラス海峡に位置していて、いろいろな民族が交易をしながら暮らしている。また、現代ではその歴史を反映して、国際観光都市としても非常によく知られている。ちなみに、王族が暮らしたトプカプ宮殿、聖ソフィア大聖堂、アフメットモスクなどは、トルコ文化を代表するものとして年間数百万人をこえる観光客を引きつけている。

今から五百年以上も昔の1453年のことであった。メフメト二世の率いるオスマントルコ軍が、コンスタンティノス十一世の東ローマ帝国を取り囲んで、壊滅させたのであった。これがコンスタンティノー

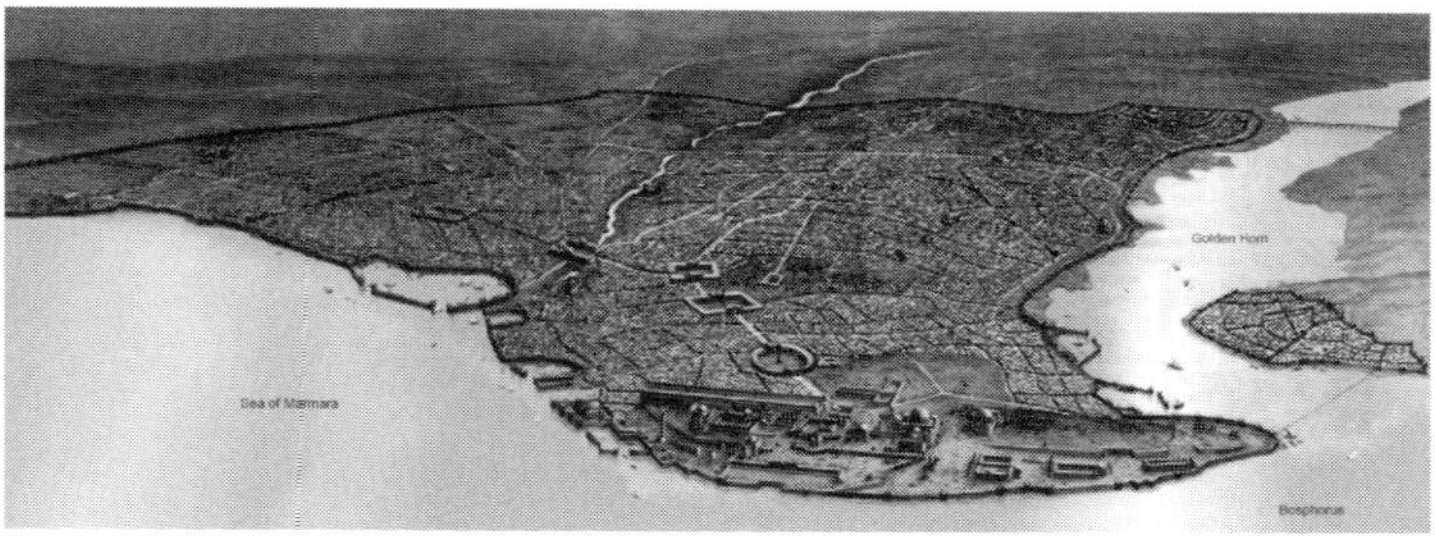

図５－２　東ローマ帝国時代のコンスタンティノープルの町
（ウィキペディア https://ja.wikipedia.org/wiki より引用）

プル包囲戦として有名な籠城戦である。この戦いによって、古代から千数百年もつづいてきたローマ帝国はここで完全に消滅したのであった。戦いは4月はじめから5月末にかけて、コンスタンティノープルを包囲した十万人以上のオスマントルコ軍と七千人の東ローマ帝国軍の間で戦われた。図5－2を参照すると、街の背後に大きな城壁と金角湾の姿がみえる。

兵士の数の比較ではまったく比べものにならないが、にもかかわらず、二ヵ月も持ちこたえたのは、街の南が波の荒いマラルメ海、北が金角湾といった海に囲まれた地形であったことと、街の西には堅固な城壁を築いたことの二つであった。全長30km弱もの高さ十数メートルにのぼる三段城壁がつづいていて、難攻不落のシンボルとして有名であった。

堅固な城壁に守られていても、所詮は多勢に無勢であった。執拗な攻撃や新しい大砲の出現、そして閉門することをうっかり忘れたことなども重なって、次第に窮地に陥っていった。この包囲戦を後世に有名にしたのは、ウルバン砲という命中精度は非常に低いが、大砲という新兵器が出現したことであった。

もう一つは金角湾の入り口が鎖で閉鎖されているために、オスマントルコ軍の艦隊は湾内に突入することができなかった。そのために、北の丘の上に船を陸上げして、さらに湾内にまわして侵入する、という奇抜な軍事作戦が展開されたことである。いずれも、決定的な勝因にはならなかった、と後世では分析されている。

現代では信じられないことが、敗戦時に起きるのが当時の大陸の戦いでは普通であった。オスマントルコ軍は占領したコンスタンティノープルにおいて、何日間かにわたって、あらゆる蛮行を許されていた。勝者になった兵士は、それを期待して従軍したのであり、ひと財産を築きあげようと、目論んでいたということである。殺人、財産強奪、強姦、暴行、奴隷狩りなど、すべての悪行が行われた。古代の戦争からはじまって、それが常識であった当時は、戦いとは兵士でなくても、あらゆる人々の人生、運命を分ける瀬戸際の一大事であった。

一生懸命に働いて築きあげたストックなどは、敗戦と共に完全に消滅した。戦いが頻繁に起きているヨーロッパの地域において、勤勉に働く土壌が容易に根づかなかったとしても不思議ではないだろう。地続きのヨーロッパ大陸に暮らした人々は、敗戦が何をもたらすか、有史以前からすべてを熟知していたのである。

対してこの列島における武士の戦いはどうであったろうか。戦闘相手の敵軍を完全に包囲して、完膚なきまでに殲滅するという厳しい戦いはどれだけあったのか。戦闘員の武士たちは互いに命をかけて戦ったことは疑いない。しかしながら、戦いにかかわりのない百姓や町人はどうであったのか。彼ら庶民は、戦乱の及ばないはるか遠くに逃げ隠れていたことだろう。そして、彼らがたえず生命と財産を脅かされていたかどうかというと、大陸とはずいぶん異なった様相を帯びていたのではないか、と想像される。

5　城壁──略奪の風土

せっかく一生懸命に働いて次の夢に向けてストックを増やしても、戦争や略奪によって簡単に奪われるかもしれない社会では、地道に努力する構え、習慣を育てることは非常にむずかしい。逆に、一か八か、のるかそるかの幸運に賭ける「投機志向」が強められていくのではないか。多くの人々は、地道に蓄積しても奪われたらそれでお仕舞い、一攫千金を狙った方が上策だと感じていたに違いない。戦乱などによって略奪行為が珍しくない社会では、まじめに働くサイクルは破壊されて、勤勉性を培う土壌が固まっていかないことを示唆している。

突発的に起きる略奪を防ぐために、ヨーロッパ大陸から地中海の島々にかけて、人々が試行錯誤したのは、すでにみたように、街や城の周りに高い城壁を築くことであった。今日もこうした地域の旧市街を訪れると、高さ数メートルにもなる堅固な城壁が街をしっかりと囲んでいるのがみえる。ところどころには物見櫓も立っていて、遠景をも見晴るかせるようになっている。そして、街の中は迷路のような小路が入り組んで走っている。突然の侵入にも耐えられるように設計されたことがうかがわれる。

図5-3はヨーロッパで最大といわれているカルカッソンヌ城壁である。フィールドの真ん中に二重の城壁が街を取りまいて建っているのがみえる。カルカッソンヌは、地図からもわかるように、フランスの南部にあって、スペイン国境にもまた地中海にも近く、古代ローマの時代から交通の要衝になっていたのである。そのために戦乱にまきこまれる機会が多くなって、住民にとっては城砦都市を築くことが、この

図５－３　カルカッソンヌの城壁
（http://spbreeze.at.webry.info/20070/article 2.html より引用）

土地で生き延びるための必須条件になっていた。もちろん、普段は放牧や農作業のために、城砦の外に出て働いているが、暮らす家は街の中にあった。

カルカッソンヌは城砦都市の典型を示すものとして、今日ではユネスコの世界遺産に登録されている。また都市は昔の遺跡としてあるのではなく、現在も１０００人以上の人々が、この中に暮らし商業なども営んでいるといわれる。

ヨーロッパには城砦のある街は決して少なくない。特に歴史の古い都市になると、どこも新市街と旧市街が並存している。そして旧市街を訪れると、その一部が高い壁で取り囲まれているところが多い。近代社会が発展して、いまや壁は歴史の重みを知る文化遺産、観光資源としての意味をのぞけば、現実味を喪失しているが、往時の姿は如実に語られている。

侵略と略奪に立ち向かった歴史遺産としての城砦の意義は非常に大きい。人々の生命と安全、そして勤勉な働きの成果であるストックを守るために屹立していたことを、現代のヨーロッパの城壁はみごとに訴えている。

それに比べると、日本列島における城砦とは、天守閣を守るための石垣や堀であった。城主や武士は戦いになると、城の中にこもって戦うこともあったであろうが、普段武士たちは城の周りにある城下町で暮らしていた。この城下町には壁もなければ堀もない、どこからも出入り自由な空間なのであった。むろん、庶民も武士たちも、泥棒には怠りなかったであろう。はたして城下町に住んだ武士や庶民は、略奪に堅固に備えていたかというと、その答えは単純明快で、否であったろう。

黒澤明監督・三船敏郎主演の映画『七人の侍』は、戦国時代を背景に、農村を襲ってくる野武士に、雇われた七人の浪人と百姓たちが一致協働して挑み、勝利を収める物語である。戦乱の時代、盗賊になった野武士が百姓を襲ったことはあったろう。しかしながら、ヨーロッパの略奪とはおよそ異なったものであったのではないか、と推察される。この列島においては、略奪行為があったとしても、村人を殲滅したり、勤勉性を完全に奪い去って、無力感で満たすまでにはいたらなかっただろう。

6　時代精神

古めかしい表現に時代精神（Zeitgeist）という言葉がある。ある特定の時代を主として表わしている人間のものの見方・考え方、精神傾向のことである。19世紀初頭にかけてよく使われた言葉である。過去の歴史をみると、略奪行為はあたり前、それが一つの時代精神であったこともある。

世界規模で略奪行為が頻発したのは、15世紀から17世紀までの間につづいた大航海時代である。この時代、竜骨のある大型船が建造されるようになり、また羅針盤もできて、大洋を航海することが可能になってきた。15世紀の後半、ポルトガルはアフリカのガーナに、奴隷や金を交易する城砦を構築したのであった。また、ヴァスコ・ダ・ガマは喜望峰を経由して、インドから香辛料を持ち帰っている。そしてスペインがコロンブスを支援したことは有名であった。

大航海時代にスペインが中南米の現地住民から金銀、財宝を強奪したことはよく知られている。調べると、はじめスペインは中南米の先住民、インディオから彼らの持っている財宝を取りあげていた。また、ピサロはインカ帝国で貴金属を収奪し、ボリビアではポトシ銀鉱山を開発し、メキシコのサカテカス、グアナファアトなどで銀鉱山を発見すると、略奪対象はいっきに銀に傾斜していった。

中南米でスペインが行った鉱山の略奪は、たとえば、青木康征著『南米ポトシ銀山――スペイン帝国を支えた打出の小槌』（２０００）に詳述されている。こうしてヨーロッパに持ちこまれた貴金属、宝石類が、当時の特にスペイン王室はじめ各王国の力になっていた。略奪が王室を支え、王室が略奪を奨励していた時代であった。

アフリカからの奴隷貿易と金銀鉱物の略奪、中南米諸国の鉱山からの金銀の強奪などを仮に「陸の略奪」とすると、「海の略奪」がそれに呼応していた。

人気テレビ番組『ＥＲ』、映画『ジュラシック・パーク』の作者として著名なのはマイケル・クライトンである。彼は、17世紀の大航海時代を背景に、カリブ海を舞台に暗躍する略奪者たちを『パイレーツ――掠奪海域』（２０１２）にいきいきと著している。財宝を積んで要塞島に避難していたスペイン船を英国公認の海賊船が襲う物語である。クライトンは当時の資料を徹底的に読みこんで、この物語を著している。この大航海時代、強奪者の筆頭に名前があがるのは、なんといってもサー・フランシス・ドレークであろう（図5－4参照）。

彼はマゼランに次いで世界一周航海をなしとげたり、スペイン無敵艦隊を撃破するなど、イングランドの英雄として、エリザベス一世女王からサーの栄誉称号を与えられている。ドレークの事跡を調べていくと、16世紀の終わり頃から、カリブ海域で特にスペイン植民地やスペイン船を襲撃して、金銀財宝を奪取していた。女王も出資していた王室公認の海賊船長（私掠船長）であった。

当時のエリザベス一世王朝にとって、スペインは敵国とみなされていて、相手に打撃を与える私掠船は奨励される冒険であった。そのためにイングランドによる「海の略奪」は、単にカリブ海域にとどまらず、世界中の海で繰り広げられていたのである。その最大のリーダーがドレークであり、またウォルター・ローリーであった。後者のローリーはアメリカ・ノースキャロライナ州のロアノークに最初にイギリス植民地を拓いた人物として有名であるが、スペイン植民地で略奪を繰り返していたことでも知られていた。

図5－4
サー・フランシス・ドレーク

教科書でよく使われた地理上の発見とは、ヨーロッパ大陸中心の見方であって、大航海時代の実像、本質は著しく異なったところにあった。海でも陸でもいたるところで、大手をふるって、王室公認の略奪行為がまかり通っていた。略奪、強奪が時代精神であった当時では、勝者はときの英雄として偶像化され、崇拝されるようになっていったのである。

言葉をかえれば、略奪という時代精神は、運を天に任せて、略奪に大成功した英雄を崇拝する文化を生み出したのは間違いない。ということは正反対に、地道な努力や一生懸命に暮らす堅実な生き方は、血気さかんな人々にとっては何の魅力もなく、背景に退かざるをえなかったに違いない。勤勉な生き方、暮らし方は、あまりにも地味で、当時の多くの人々を動機づける力を持たなかったのではなかろうか。ということは、略奪が横行した英雄崇拝の強い時代とは、明らかに勤勉性の形成とは厳しく対立していた世紀であった、と位置づけられる。大航海の時代、着実な勤勉さを土台にした資本主義社会は、はるか遠くにあって、まったく人々の視野にはなかった、ということである。

7　トラウマ

ヨーロッパ大陸では、はじめに3～4世紀、フン族の侵入がはじまったといわれている。遊牧民族の彼らは羊や馬、その他の家畜を育てるために、豊かな草原を移動しながら暮らしていた。しかしながら、気候変動などによって草原が貧しくなると、他民族が居住する地域へも入っていくことは不可避になった。初期の頃はドナウ川流域に侵入して、東ゴート族を征服すると、それに押される形で西ゴート族がローマ帝国の領内に移動しはじめて、ゲルマン民族の大移動がはじまったのである。

ゲルマン民族とは、今日の国名でいうと、スカンジナビア諸国、ドイツ、ポーランド、チェコ、スロバキア、デンマークに相当する地域の人々で、相対的に温暖なオランダ、フランス、イギリス、イタリア、スペインに向かって移住しはじめた、ということであった。ゲルマン民族の一種族であるバイキングは寒冷地に残って暮らしていたが、常に食料不足に悩まされていて、しばしば南西部ヨーロッパへの侵入、移動を繰り返していた。

こうした民族大移動時代は、3～4世紀からはじまって8世紀初頭までつづき、平和裏に進んだケースもあっただろうが、多くは襲撃や略奪が繰り返されてもいた。見知らぬ他部族、異民族、異教徒による襲撃、強奪は、被害者の間に根深い「トラウマ」、根本的不安を生み出したであろう。

民族大移動時代に人々の心に深く刻まれたトラウマは、簡単に消滅するようなものではなかったろう。なぜかといえば、その原因は容易に理解できる。トラウマが消えない原因は二つであろう。一つは親から子どもへ、またコミュニティーからコミュニティーへと、人命と安全、所有財産にかかわる重大問題だけに、すぐにトラウマは伝わっていったのである。それが生きるための知恵なのである。

もう一つは、トラウマを裏づけるように、その後もたえることなく、現代にいたるまで、さまざまな帝国、宗教、民族、部族との間で侵略、略奪、戦いがつづいてきたのであった。過去二千年の人類の歴史を振り返ってみれば一目瞭然で、百年として戦乱のなかった時代は皆無なのである。戦争の人類史を参照すれ

表5－1　ヨーロッパの主な戦争

紀元前264年～紀元前146年	ポエニ戦争
1096年～1291年	十字軍
1337年～1453年	百年戦争
1453年	コンスタンティノープルの陥落
1455年～1485年	薔薇戦争
1563年～1570年	北方七年戦争
1585年～1604年	英西戦争
1618年～1648年	三十年戦争
1701年～1714年	スペイン継承戦争
1740年～1748年	オーストリア継承戦争
1756年～1763年	七年戦争
1792年～1802年	フランス革命戦争
1803年～1815年	ナポレオン戦争
1820年～1823年	スペイン内戦
1866年	普墺戦争
1870年～1871年	普仏戦争
1914年～1918年	第一次世界大戦
1939年～1945年	第二次世界大戦

ば、すぐに納得できる（表５－１参照）。

表５－１は多くの人々が世界史で習った主な戦争を、ヨーロッパにしぼって、取りあげたにとどまっている。百年の間に大きな戦争を３回も４回も重ねている。地域における戦いは含まれていない。これではトラウマの正しいことが証明され、強化されていって当然であった。

現代の二十世紀末のアフリカでも、それをまた証明するように、部族間の抗争が頻発し、略奪、虐殺が起きている。ルワンダ紛争では、何年にもわたってツチ族とフツ族の間に大量虐殺事件があった。もちろん、大陸中国も、漢民族の王朝やモンゴル系の元王朝、女真族系の清国など多様な民族が入り乱れて、地域を支配してきた複雑な歴史があっただろう。そして、ＩＳ（イスラム国）の恐ろしい蛮行である。

それでは、農作物の収穫をあげるため雑草と戦った列島の住民に、はたしてどのようなトラウマがあったのだろうか。見知らぬ他民族に襲われる不安は、日本の歴史をみると、13世紀の文永の役（１２７４）、弘安の役（１２８１）の元寇がはじめてかもしれない。そして、江戸末期の黒船の来航であろう。近代になり日清・日露戦争時の清とロシア、第二次大戦のアメリカも入るだろう。対比して論ずることは非常にむずかしいが、大陸の人たちが抱いてきたトラウマとは、およそ異なったものではなかったろうか。

荒っぽい相対比較をすれば、深刻な問題もないではないが、温暖湿潤な列島においては、本質的なトラウマが少ないだけ、人々は落ち着いて日常の仕事、働くことに打ちこめたであろう。雑草と戦い、まじめに働いて収穫をあげれば生きることはできたのである。それだけに、一生懸命に働き、勤勉性の知恵を育てる豊かな土壌が、この列島には備わっていたということである。

8　職人と専門家――新しい芽

古くはギリシャ、ローマ時代からつづくヨーロッパ文明は今日、数々の歴史的、文化的な遺産を各地にとどめている。城壁、教会建築、ローマ街道、水道橋、数々の彫刻やフレスコ画、工芸作品など数えあげれば切りがない。それらの遺産は、現代では専門家の学問研究や地域の観光の対象にとどまらず、人々の誇り、アイデンティティの礎になるなど、非常に大きな意味を持っている。そして確かなことは、こうした遺産のどれもが、その途の職人、名人、専門家の懸命な働きによって作られた、ということである。

職人やエキスパートは、いつの時代も勤勉な人たちの代表であったろう。技に優れた人たちは一日にして誕生したのではない。勤勉の言語分析が示したように、「着実に、一生懸命に、こつこつと、まじめに、せっせ」と研鑽するという行為の積み重ねによって、はじめて優れた技能、職能、職人感覚をみがいたのである。そして現代のＩＴ技術者にいたるまで、新しい職人、専門家が次々と誕生し、勤勉な彼らに支えられて社会は発展してきたのである。

職人、スペシャリストは決して多くはない。一芸に秀でた彼らは、社会の一部に過ぎなかったろう。古代社会では、圧倒的多数の奴隷たちが専門家の指示を受けて労力を提供していた。マックス・ウェーバーはピューリタニズムが資本主義の芽になったと語ったが、新教の禁欲的倫理が支えたのは、主に社会的少数者の勤勉な職人、スペシャリストであった。

ここで中世ヨーロッパ社会の職人世界に触れると、13、14世紀ドイツの職人については、高木健次郎著『ドイツの職人』（1977）が参考になった。はじめは親方であるマイスターに徒弟として弟子入りし、腕をみがいたのである。そして技があがると職人になるが、すぐに独立できたわけではない。親方であるマイスターから認められなければならない。当時、ツンフト（ギルド）という職能協会がマイスターへの技能審査にあたっていた。こうして職能を洗練し、マイスターになると、職人ギルドと呼ばれる同業者の協同組合に入ったのである。

いつの時代も、自己権益を守るために社会心理は働いていた。マイスターたちは親方株を制限するようになった。親方になるチャンスが少なくなると、職人同士が今度は「兄弟団」を作って協働し、自衛しはじめた。バルト海沿岸にあったハンザ同盟都市では、鍛冶職人、桶職人、網職人など多数の職人団体が生まれている。職人団体それ自体は、自己利益を守る組織にほかならないが、勤勉性が培った職人たちの技能への強い誇り、アイデンティティ、共同体意識を共有していたことも確かであろう。

徒弟や職人は親方の技を吸収するため懸命だったろう。マイスターになると、今度はギルド社会に埋没することなく存在感を示したいと思ったに違いない。先輩や同輩にはない特徴、個性に関心が向かったのである。若いマイスターが伝統革新をめざしたとしても不思議ではない。「兄弟団」の発足などは、既存体制の壁を打ち破ろうという気持ちの表われであったろう。

結局、職人、名人が自身の技、技能を錬磨しつづけると、自然に他の人にはない職能、技の特性に目覚めて、ときには既存秩序へのチャレンジもはじまったのである。すると、職能に限られていた当初の問題意識は、次第に人間としての固有性、個性にまでも広がっていったであろう。

つまるところ、職人、達人、エキスパートの勤勉性とは、特定職能の「個性」で終わるものではない。「人生を拓くのは自分のほかにはない」という個人主義の可能性をも秘めていたのである。職人、名人、専門家の勤勉な働き方の中に個人主義の芽があったのかどうか、この仮説を実証的に分析検証する価値は非常に高いだろう。

わが国も同様に、奈良・平安の歴史的、文化的遺産をみるまでもなく、さまざまな職人、名人、達人、専門職、熟練者が活躍していた。城郭や寺院、神社などの建築物、伝統工芸・芸能、武器・農機具などを作ることによって、職能を追求した人たちはたくさんいたのである。もちろん、文芸も忘れてはならない領域だろう。彼らは西欧の職人、専門家と同じように、自分らしさ、固有性、個性を追求する勤勉性をも育んでいったに違いない。例証として、多様な流派、流儀が派生したことからもうかがわれる。

列島にあってヨーロッパにないものとは、和辻哲郎が指摘した「雑草との戦い」であった。明治当初の農業従事者は8割をこえていた、と推定される。大半の人々が雑草と対峙し、その中で形成した勤勉性は、現実主義と協働志向に裏打ちされた土着思想であると述べた。だとしたら、関心は雑草とのかかわりで生まれ、多くの人々が共有した勤勉性と、職人、名人や専門家の培った固有性、個性を志向する勤勉性という異なった二つのかかわりである。性質の違う勤勉な働き方、生き方は、列島の中でどのように交わったのか、融合、調和したのか並存しているのか、魅力的な新しいテーマが生まれている。

9 待つ力

敗戦ですべてを失って貧しかった昭和20年代、経済復興が進み、「もはや戦後ではない」と高度成長をたたえていた昭和30年代。そして昭和40年代でも、アメリカをみると、生活の質、量、豊かさの違いは桁はずれであった。時代は流れて90年代のバブルの頃には、自信が生まれて、豊かさを意識するようになってきた。比較相対的にみると、世界の中で豊かさを享受しながら、主要な社会問題の一つである経済成長や格差社会の是正に必死に取り組んでいるのが現代日本の姿であろう。

豊かな社会は便利な社会であり、都市化はその象徴であろう。辞書を引くと、便利とは、好都合で人の役に立っていることである、と出ている。環境がコントロールされているので、将来の予定も立てられるし、効率的に仕事もできる。とりわけ、第二次産業、第三次産業が主流になった今日では、職務目標を数値で定めて達成度を評価する、というコントロールの発想を基盤にした社会にどっぷり漬かって、暮らしている。

制御されて便利な環境になれ親しんだわれわれは、その条件が破綻すると、いっきに弱点をさらけ出す。イライラするのはその典型であろう。「電車が5分遅れて困った」「今日はメールが読み取れない」「渋滞にまきこまれた」「子どもがいうことを聞いてくれない」と、よく小言をいっている。

豊かで便利な社会に浸ってしまったために、待ち、耐え、ときにはあきらめる、という昔は誰もが普通に備えていた資質を失ってしまったのである。そして、こうした資質には低い評価を与えて批判し、拒否反応を示しているのが現代であろう。

しかしながら、一時代前に一生懸命に農作業に従事した人たちは、身の周りの自然の流れやリズムに任せて、運命として受け入れて、暮らしていた。ちなみに、稲や野菜、雑草相手の農作業など、コントロールできない自然をいつも相手にしていた。すると、時期がくるまで「待ち〜耐える」という特性は、大切な性質の一つではなかったろうか。そして、近代産業社会が到来すると、可能な限りコントロールして、収穫を高めようとしている。

制御できるものはそれでよいとしよう。はっきりしていることは、世の中は制御不可能な要素で満ちている、コントロールできない相手が圧倒的に多い、という現実、実態ではないだろうか。だとしたら、対象に働きかけて暮らしている人間の勤勉性には、ときには「待ち〜耐える」という資質も求められている。

それを典型的に示すのが、人間を相手にするときである。

人を育てようとするとき、相手を思い通りにコントロールしようという発想が向かないことは、誰もが体験的に熟知していることである。人生のスタートである親子関係からはじまって、保育、学校教育、高等教育、社員研修などには非常によい事例がいっぱいある。とりわけ、現代社会の中心にある第二次産業、第三次産業においては、人と人とのかかわりを取り払っては、考えることさえできない。

とすると、勤勉に働くためには、特に思い通りにはいかないときなど、相手にあわせて待ち、ときにはじっと耐えることも、一生懸命に働くことのうちなのである。人間相手のサービス業などでは、この資質なくして不可能なことは、当時者には十分に自覚されているのではないか。豊かで便利な社会がこうした資質を急激に劣化させているとしたら、先端社会の勤勉性には黄信号が点灯しているといってよいだろう。

10　両義性 ― 豊かさ

大胆な直感的意見を仄聞することは多い。「豊かさはハングリー精神を失わせる、今の若者はガメツさがない、遊んでいても食えるので怠けるようになった、高い望み・希望を持っていない、一生懸命に努力しない、ねばり強さに欠けてはいないか」というのである。そして、食べるものが豊富な熱帯地域をみると、近代文明の発展した地域はどこにもない、身の周りの豊かな自然に満足している、隣人の豊かさを奪うために、小さな部族が乱立して争っている、とつづいていく。

直面している基本的テーマとしては「豊かさは、勤勉に学ぶ意欲、一生懸命に努めるモーチベイションを高めるか否か」が根本的に問われている。答えは簡単には出せないが、反対に、豊かさが人々の地道な働き、勤勉な努力を驚くほどに促して、著しく成長に貢献しているエピソードなどは、現代の日本社会に無数に存在している。

早期教育というよく聞く言葉がある。成長のめざましい、特に幼い子どもの能力を伸ばすための集中的な働きかけであるが、その他としては才能教育（talent education）や英才教育（gifted education）なども使われている。古い話題を例にとると、サイバネティックスの父といわれたノバート・ウィーナーを思い出す人もあるだろう。彼自身が著した邦訳『神童から俗人へ』（２００２）の中で、ウィーナーは子ども時代に受けたしつけを回顧している。

彼はハーバード大学で教えていた父親から早期教育を受けた。そして、11歳のときに大学に入学して、

18歳のときには父親の大学から博士学位を取得している。周知のように、ウィーナーは研究者としては今日の情報科学、計算機科学の基礎を築いた大天才であった。

自伝を読んで興味をひくのは、ウィーナーは自分の感情をコントロールすることが非常に下手なことであった。そのために、大学の同僚や妻との間に、さまざまな葛藤を引き起こして悩みつづけていた。感情・情緒を成長させることに、ウィーナーはしくじったのである。

早期教育は音楽の世界ではよく知られている。近年の日本人では、第12回チャイコフスキー国際コンクール・ピアノ部門で第一位になった上原彩子氏は優勝当時22歳、ピアノをはじめたのは3歳からであったという。同コンクール・バイオリン部門で、他を圧倒して優勝した神尾真由子氏も当時は21歳であった。彼女は4歳からバイオリンを習いはじめたという。

二人に共通しているのは、幼児期から練習をはじめたことと、才能が開花するにつれて世界的指導者について実力をみがいていったことである。日本の伝統芸能である歌舞伎や能などの世界でも、家元であるエキスパートの両親が、幼い頃からわが子に芸事をなじませている。

スポーツ界には実にたくさんの人たちがいるが、現代日本で有名なのは卓球の福原愛選手であろう。元実業団選手であった母親の特訓によって、3歳から卓球をはじめている。マスコミにも知れわたったその練習量とは、ウィークデーで毎日4、5時間、土・日になると、特訓は7、8時間をこえていた。実に厳しい修練にもよく耐えたものだ、と感嘆するのである。

早期教育というと批判的な意見もあるだろう。それを完全に否定するものではないが、ここで重要なのは、たとえ、親や専門家でさえ、思い通りにはならない相手を対象に、ときには待ち、耐え、ときにはあきらめもしながら、相手をトータルにみて、辛抱強くかかわっていく指導者たちの姿勢、構えではないだろうか。こうした資質をしっかりと備えた優れた指導者、両親に、今の日本はたいへん恵まれている、ということだろう。

そのせいかもしれない、先の早期教育の例からもわかるように、大人による、一見、過酷ともみえる修練に耐え抜いて、みごとに技を鍛えている人々が決して少なくないことである。努力が結実した成果であろう、世界をも凌駕するすばらしい実力が築かれている。まさしくこつこつと一生懸命に練習に打ちこみ、地道に実力をみがいている勤勉な姿がいたるところに存在し、周りの人々の心をうっている。

ここに掲げたわずかの事例は、よく知られているエピソードの一例に過ぎない。その背後には、先にも述べたように、豊かさを資源にして知恵を使い、懸命に努力を重ねている数限りない人たちが存在している。

11　共通性と固有性 ―― 教育機関

わが国は近代的な学校制度を創設するために、明治5（1872）年に「学制」を制定して、初等教育から中等教育、高等教育を一貫して整備してきた。それが大きな失敗や混乱もなく進展したのは、それ以前の江戸時代における藩校、私塾、寺子屋での活発な教育活動が背景にあったためだろう。わが国の教育機関が青少年の勤勉性の伸張に深いかかわり、大きな影響力を持ってきたことは言を要しない。

幼稚園から学校、大学まで、今も昔も二つの機能、側面から成り立っていることにかわりはない。第一の機能とは、その社会で暮らし、活躍していくために必要不可欠な基礎的な知識、一般的技能をすべての人に授けるという「共通性」の側面である。そして第二の機能とは、それぞれの教育機関の中で学んでいる一人ひとりに寄り添って、その個人にふさわしい知識、マッチした技能を適切に授けるという「固有性」の一面であろう。専門的には、個別化（individualization）という言葉も使われてきた。

大きく捉えれば、教育機関の特徴、個性とは、この二つの機能、側面のバランスのあり方によって決まるものであり、小学校から大学までどの教育組織をとっても、時代や社会の状況を配慮しながら、共通性と固有性という二つの間で試行錯誤を重ねてきたといえる。

前者の共通性の機能、側面とは、小学校でいえば、基礎・基本と呼ばれる内容である。一般の見方からすれば、そもそも義務教育とは、義務という言葉が示すように、内容のすべてが基礎・基本であり、誰もが習得すべきことはあたり前なのである。

他の表現では、常識であり教養だろう。そしてこの教養や常識、学校では基礎・基本、一般的知識や技能を定める人とは、学び手ではなく、広い視野を備えた社会の代表、教える側にある。授ける社会の側が前もって定めた基礎・基本、教養、常識を学び手が一生懸命に受容する、吸収するということであった。これがわが国の教育活動の基本原則になってきたのである。

学校や大学では、教師、教授の与える「外発的目標」を一生懸命に努力してマスターすることであった。学習カリキュラムとして与えられる外発的目標を懸命に勉強して身につけることを仮に「外発的勤勉性」とすると、子どもや学生は、はじめは外発的勤勉性によって勉強をスタートする。彼らの言葉でわかりやすくいうと、「先生の教えのように努力しよう」「期末テストの成績をあげるために、一生懸命に勉強しよう」「彼には負けたくない、地道に努力して成績をあげよう」となる。外発的勤勉性だから大問題だというのではない。一生懸命に勉強するうちに成績があがって、心の中に自己効力感、有能感がわいてくると、勉強自体も自然に面白くなっていく。次第に外発から内発へと、勤勉性もかわっていくのである。

わが国教師の研究授業は典型例になるだろう。担当教師はあらかじめどこで何の課題を示し、どんな発問をし、といった授業案を作り、その答え方によって解説を工夫し、まとめを考える。事後のディスカッションは教案と実際の授業の流れを対比して検討される。そして担当者の授業構想力と実際の授業との乖離に主として眼が注がれている。結局、教師の才覚とは、学び手の応答をどこまで深く読みこんで授業ができたかであり、教師主導の基本線を疑うことはない。

教師は基礎・基本をマスターさせるために、一生懸命に努力している。子どもの基礎学力が高いのはそのせいであり、大きな成果をあげていることは評価できる。国際学習到達度調査（ＰＩＳＡ）において、日本の学力は数学的リテラシー、読解力、科学的リテラシーでトップグループにあり、優れていると世界から高い評価を得ているのである。人口一億人をこえる大きな国で、この成果は大いに誇りにできるし、わが国の教師は子どもを巧みに導いているといえる。

対して、第二の固有性の機能を重視する見方・考え方では、学び手自身がすべての出発点、原点になっている。子ども、学生の持ち味、個性、個別性、特異性、その人らしさ、専門性といってよいだろう。具体的にいうと、目の前にいる三年生A君の基礎・基本は何か、が問われるのである。仮に彼が四年生のレベルにあれば、それが基礎・基本になるし、二年生水準ならそれが彼の基礎・基本になっている。

1980年初頭のアメリカはマサチューセッツ州の小学校のエピソードである。三年生のクラスを授業見学して驚いたのである。年齢はどの子どもも9歳だが、二十数人の学んでいる内容は本当に多様であった。二年生から五年生まで、いろいろな学習進度の子どもが、一つのクラスの中で、二人の指導助手に助けられて、マイペースで学んでいた。四年生レベルの子どもが下の子どもを教えていることもあった。まるで学習塾のようである。

そして体育、音楽、算数、英語など教科がかわると、また学んでいる進度、内容に大きな違いがみられる。どの科目も子どもの好み、進度、個性、特徴にあわせて、教材と指導者を可能な限り調整して、一人ひとりに応えようというのである。

学習のカリキュラムは、学び手のモーチベイション、意欲、好奇心、個性、進度に基本的に基づいているという意味で、「内発的目標」になっている。自分の個性にあった目標達成に注がれる努力、熱心な勉強とは、「内発的勤勉性」ということだろう。子どもの表現では、「自分は何を学ぶのか、先生と相談して決めよう」「どうしてこんな結果が出たのだろうか、詳しく調べてみよう」「この問題をもっと深く知りたい、先生に聞いてみよう、また何か参考にできるものはないか」「教科書の説明はよくわからなかった、自分で調べてみよう」ということである。

子ども、学生に自力で考えさせる、という基本姿勢で貫かれている。すなわち、知的な好奇心を育てる、自発的に追求させる、能動的に取り組む構え、姿勢を高く評価する、といったところに特徴が出ている。

危惧がないわけではない。幼い子どもやその両親に、どこまで十分な判断力があるのか、意欲の高い子ども、学生は限りなく伸びていくが、乏しいときは置きざりになり、個人差が拡大するだろう。こうした問題に対処するため、失地回復のための再挑戦の場を、社会のいたるところに整備し、期待に応えられるよう機会を提供している。とはいえ、自分の人生は自分で面倒をみる、結局は自助《セルフヘルプ》なのである。冷たいといえば冷たい、人生は厳しい、ということかもしれない。

共通性を重んじるわが国の教育は、子ども、学生の外発的勤勉性を巧みに刺激して、即効的効果をあげて、効率的なのは間違いない。とはいえ、なすべき基本的課題は依然として残されている。すなわち、学び手自身の内面が問題なのである。自信、誇り、確信、アイデンティティはたくましく育まれているのか、固有性への自覚、意識は確かなのかどうか、が気がかりになる。

学ぶ人の言葉では、「自分のほかに人生を切り拓く人はいない、どんな人生を歩むかは、他の人ではない、自分自身のテーマである、他人のあり方に流されていないか、自力で考えることができるか、一人になっても大丈夫か」ということであろう。勉強の言葉でいえば、「何のために勉強するのか、どんな実力、持ち味を備えたいか、なぜ進学するのか、将来、何になるのか」などの問いに真剣に取り組むことだろう。将来に先送りできる課題ではない。素直に自分に向きあうことのできるたくましい「内発的勤勉性」を鍛えることが大きな教育課題になっている。

最後に、ニュージーランド、オーストラリア、アメリカの私立学校を訪問し、教育活動をつぶさに観察したときのエピソードである。驚くほど質の高い教育活動が地道に展開されている。子どもの持ち味、個性、モーチベイション、すなわち、それぞれの学び手の内発的勤勉性に依拠しながら、教科、学年、学校の壁さえも自由に取り払って、しばしば高等教育にも匹敵する高い内容が、実に楽しく教えられている。視野を広げると世界には、われわれが関心を持つべき対象は、まだまだたくさん存在している。トップグループのわが国にも追求すべき課題はたくさん残されている。

12　ミッション

現代では地球規模で人々が往来する時代になっている。平成25年の外務省・海外在留邦人数統計によれば、在外邦人数は約126万人、人口の1％である。多い順にアメリカ約40万人、中国約14万人、オーストラリア約7・5万人、イギリス約6・3万人、5万人をこえるのがカナダ、ブラジル、タイの順になっている。アフリカにも約8千人、中近東は約9千人が滞在し、活動している。

対して来日する外国人入国者は、平成25年度・法務省統計をみると、総数約1125万人、国別では韓国約230万人、台湾約210万人、中国約98万人、アメリカ約74万人、香港約72万人、タイ約44万人、オーストラリア約22万人、シンガポール約18万人、イギリス約17万人、マレーシア約16万人が十傑であった。為替の変動による割安感、ビサ発給要件の緩和などで数値はさらに上昇して、平成26年度は1300万人に及んでいる。そして中国人旅行者の爆買いは有名になった。

在外邦人、入国外国人に関心を抱く専門家は、ほとんどが経済効果に集中している。日本経済に寄与するGDPを何パーセント押しあげるか、という分析に終始するのである。とはいえ、それにとどまらないことも大切だろう。経済効果は永続性に乏しく、効果を失えば忘れられる存在なのである。

百万人をこえる日本人が諸外国に暮らしている。仕事を通して人々と交渉したり、地域と交歓したり、学校や幼稚園で交わっている人もいる。日本人海外旅行者も近年はあらゆる年齢層にわたっている。彼らの海外における直接のかかわりから、無意識のうちに、大きくいえば、日本人とは、日本文化とは何か、をトータルに伝達しているのである。土着思想ともなっている勤勉性も、明らかに伝わっているだろう。

交渉相手は、日本人のまじめな働き方、地道な努力、一生懸命な勤め方と直接にかかわるのである。ちなみに、気ままな余暇、長いバケーションが生き甲斐であった人たちは、一生懸命に仕事を生きる人々に、はじめは違和感を感ずるだろう。異文化を感じて、「働き蜂」と揶揄したこともあったのである。

とはいえ、好きな趣味と同じように、実は仕事も人生の有益な目標達成行動、生き方の一つであることを理解すると、職務への情熱や勤勉性の意味も伝わっていくのである。それを支持するエピソードは無数にあるだろう。

短期の観光滞在で各地をめぐっている外国人観光客。わが国の多彩な自然や古い文化・遺跡などは大きな魅力であろう。しかしながら、生涯にわたって長い記憶にとどまるのは、直接にかかわった人たちであり、彼らの生き方、暮らし方ではないだろうか。その典型的なエピソードが残されている。

トロイア遺跡を発掘して世界に名前を轟かせたドイツ人考古学者、ハインリッヒ・シュリーマンは、今から150年ほど昔の江戸幕末は慶応元年（1865）に、日本を訪問して実に興味深い旅行記を著している（石井和子訳『シュリーマン旅行記　清国・日本』1998）。

江戸上陸の体験を、彼は著書の中に次のように描いている。

「船頭たちは私を埠頭の一つに下ろすと、テンポーと言いながら、指を四本かざしてみせた。労賃として四天保銭を請求したのである。これには大いに驚いた、それではぎりぎりの値ではないか、シナの船頭た

ちは少なくともこの四倍もふっかけてきたし、だから私も、彼らに不平不満はつきものだと考えていたのだ。」（78頁）

この国の庶民は正直で働き者だ、という強い印象をシュリーマンは抱いて書き残したのであった。現代のエピソードなら、大都会でも落し物が出てくることにあたるだろう。ことほど左様に、われわれの身につけた土着思想としての勤勉性は、胸をはって伝えるべき普遍的資質なのである。世界の人々にとって勤勉性は明らかに目標の一つになっている。

締めくくりに、勤勉性とは単にまじめで、熱心、一生懸命という特性にとどまるとみたら失敗するだろう。勤勉な生き方とは、創造性の基盤、成長の源であるという現実である。芸術でも科学でも産業でも、NHK『プロジェクトX —— 挑戦者たち』でみたように、創造的営為の背後には、必ずといっていいほど地道な勤勉性が潜んでいる。これは人々の常識になっている。この日本列島において、多様な文化が創造され、今日のように発展してきたのも、人々の間にまじめに努力するという勤勉な資質の裏づけがあったからにほかならない。

世界の人々と交わる中で、われわれは勤勉に生きる意味を自然体で伝えることができるだろう。内外の人々は、シュリーマンのように、日本人の普段の生き方・暮らし方、働き方に実地に触れることによって、勤勉性というわが国の土着思想に深い関心を向けはじめるのではないだろうか。迂遠なようだが、それがグローバルな国際社会に寄与できる道なのかもしれない。その意味ではミッションであろう。

新潮社
フランクリン, B.／松本慎一・西川正身（訳）(1967)『フランクリン自伝』岩波書店
Franklin, B. (1959-) Advice to a young tradesman, in L. W. Labaree, et al. (Ed.), *The Papers of Benjamin Franklin*, 38 vols. to date, New Haven, Yale University Press.
Maier, S. F. & Seligman, M. E. P. (1976) Learned helplessness: Theory and evidence. *Journal of Experimental Psychology*, 1,105, 3-46.
マートン, R. K.／森東吾他（訳）(1961)『社会理論と社会構造』みすず書房
三上敦史 (2012)「雑誌“成功”の書誌的分析 ── 職業情報を中心に」『愛知教育大学紀要』61, 107-115.
三橋正 (2000)『平安時代の信仰と宗教儀礼』続群書類従完成会
モリス, J.／椋田直子（訳）(2006)『パックス・ブリタニカ ── 大英帝国最盛期の群像（上巻）』講談社
柳田国男 (1978)『海上の道』岩波書店
山本七平 (1984)『勤勉の哲学 ── 日本人を動かす原理』PHP 文庫
ワインバウム, S. G. (Stanley G.Weinbaum) (1937) *Shifting Seas*『海流異動』グーテンベルク・オーストラリア
和辻哲郎 (1935)『風土 ── 人間学的考察』改版1979, 岩波書店

主な参考引用文献（あいうえお順）

石川禎浩 (2013)「近代日中の翻訳百科事典について」石川禎浩・狭間直樹（編著）『近代東アジアにおける翻訳概念の展開』京都大学人文科学研究所, 277-307.

ウィーナー , N.／鎮目恭夫（訳）(2002)『神童から俗人へ』みすず書房

ウェーバー , M.／大塚久雄（訳）(1989)『プロテスタンティズムの倫理と資本主義の精神』岩波書店

エリクソン, E. H.／西平直・中島由恵（訳）(2011)『アイデンティティとライフサイクル』誠信書房

大塚久雄 (1992)『社会科学の方法 ── ウェーバーとマルクス』岩波書店

神谷満雄 (2001)『鈴木正三 ── 現代に生きる勤勉の精神』PHP 文庫

木村敏 (1972)『人と人との間 ── 精神病理学的日本論』弘文堂

クライトン, M.／酒井昭伸（訳）(2012)『パイレーツ ── 掠奪海域』ハヤカワ文庫NV

塩野七生 (1983)『コンスタンティノープルの陥落』新潮社〔新潮文庫（2009）小説のため脚色あり〕

Seligman, M. E. P. & Maier, S. F. (1967) Failure to escape traumatic shock. *Journal of Experimental Psychology*, 74, 1, 1-9.

竹内洋 (1976)「立身出世主義の論理と機能 ── 明治後期・大正前期を中心に」『教育社会学研究』第31集, 関西大学

竹内洋 (1997)『立身出世主義 ── 近代日本のロマンと欲望』日本放送出版協会〈NHK ライブラリー〉

張迪 (2009)「近代中国における日本書籍の翻訳と紹介 ── 19世紀末から20世紀初頭の概況とその特徴」名古屋大学大学院・国際言語文化研究科・研究誌『言語と文化』10, 197-209.

浜口恵俊 (1982)『間人主義の社会日本』東洋経済新報社

林佳世子 (2008)『オスマン帝国　500年の平和』〈興亡の世界史10〉講談社

平川祐弘 (1984)『進歩がまだ希望であった頃 ── フランクリンと福沢諭吉』

著者プロフィール

梶田正巳（名古屋大学名誉教授）

1941年生まれ。名古屋大学教育学部（教育心理学）卒業。教育学博士。大阪市立大学文学部助手・講師、名古屋大学教育学部助教授・教授・学部長、中部大学教授、椙山女学園大学教授・理事、愛知教育大学理事、海外子女教育専門官・専門委員（文部省）、教育委員・委員長（愛知県）、社会教育委員・委員長（名古屋市）を歴任。イリノイ大学、ハーバード大学エンチン研究所、スタンフォード大学で研究。

主要著書

『異文化に育つ日本の子ども —— アメリカの学校文化のなかで』（1997, 中央公論社）
『勉強力をつける —— 認識心理学からの発想』（1998, 筑摩書房）
『勉強力をみがく —— エキスパートへのみち』（2003, 筑摩書房）

新曜社

日本人と雑草
勤勉性を育む心理と文化

初版第1刷発行　2015年11月10日

著　者　梶田正巳
発行者　塩浦　暲
発行所　株式会社　新曜社
101-0051　東京都千代田区神田神保町３－９
電話 (03)3264－4973（代）・FAX (03)3239－2958
e-mail : info@shin-yo-sha.co.jp
URL : http://www.shin-yo-sha.co.jp
組　版　Katzen House
印　刷　新日本印刷
製　本　イマキ製本所

ISBN978-4-7885-1451-5 C1011